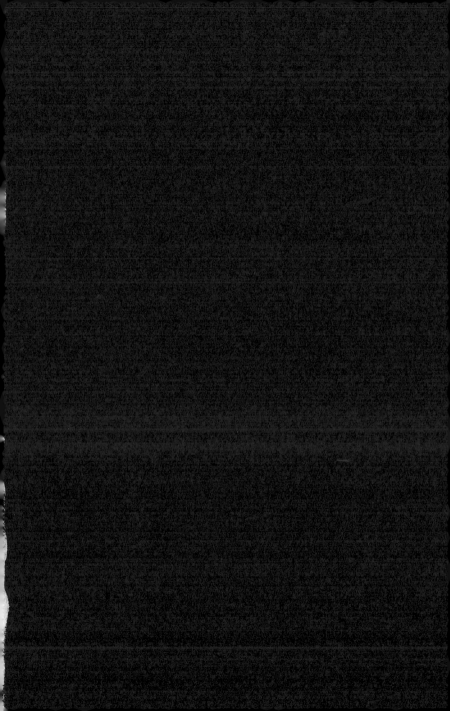

ギャル男でもわかる政治の話

おときた駿×
4人のギャル男たち
Shun Otokita & 4GYARU-O

Discover
ディスカヴァー

登場人物紹介

レン（伊藤蓮《いとうれん》）

REN

天然キャラの愛されギャル男。ノリの良さが取り柄で、空気を読まないボケを連発するがあまり、よくトシキに怒られる。少しでも難しい話をされると興味をなくすが、動物的直感がよく働き、ときどき周囲が驚くような鋭いことを言う。最年少21歳。

トシキ（今福歳生《いまふくとしき》）

TOSHIKI

頑張り屋の優等生。ギャル男界の良心的存在。政治には無関心だったが、とても理解が早く、フザケがちなレンをいさめつつ、的確な質問を繰り出す。先生が教えたくなる生徒ナンバーワン（4人中、編集部調べ）。日々、モデル活動にはげむ22歳。

おときた駿《しゅん》
SHUN OTOKITA

政治をおもしろおかしく、かつわかりやすく語らせたら右に出るものはいない、自称カリスマブロガー議員。ブログで積極的な情報発信を続け、ときに盛大に炎上しつつも社会を良くしたい一心で日夜休まず活動。最近念願の結婚を果たし、1児のパパに。32歳。

トキト（時人《ときと》）
TOKITO

クールな兄貴肌ギャル男（関西弁）。非常に地頭が良く、難しい政治の話題にも平気でついていく。本質を突いた発言でひっちに心から尊敬されるが、そうすると照れて黙りがちになる。人気ボーカルグループ『ZOLA』でアーティストとして活躍中の22歳。

ひっち（引地敬澄《ひきちたかずみ》）
HITCHI

ギャル男界の元気印。マジメで明るく、難しいことはよくわからないながら積極的に発言する。いつもとんでもなく重いカバンを持ち歩いているが、それは夢と希望がつまっているから（らしい）。新進気鋭のファッションデザイナーとして活躍中の26歳。

オレが大統領になったら、
日本のバイブス
上げてくけどね。

TOSHIKI
今福 歳生
@toshiki0410

バスケットボール
当ビル5F
飲み放題
McDonald's
McDonald's

STARBUCK

政治？
あんまり興味ないなあ。

Ren
伊藤 蓮
@19957220

選挙？
毎年行ってる！
ＡＫＢの！

HITCHI
引地 敬澄
@takazumi0402

こんにちは
ILLNATURE
DART

忠犬ハチ公

法律なんて
オレの力で変えてやるよ。

TOKITO
時人
@s_23cm

プレトーク

Pre Talk

ギャル男、ブロガー議員に政治を学ぶ?

トシキ　みんな、来週の撮影のこと、聞いた？
ひっち　ああ、なんかオレたちが政治家に話聞きにいくってやつでしょ。
レン　「なんでオレ!?」って思った！
トキト　ホンマそれ！　オレらがわけわからんで話聞いてるだけって、誰が得すんねん！って。
レン　しかもオレ、途中で寝る自信あるわ……。
トシキ　撮影なんだからレン、そこは頑張って起きよう？　あとさ、それが本になるらしいよ。
ひっち　えーっ、マジ!?
トキト　うっわ、それはヤバい！　アホなこと言ったら永久に残るかもしれへんってことやろ？
レン　オレ、当てられないように下向いとこ……。
トシキ　それじゃ撮影の意味ないだろ！
トキト　でもさ、冗談抜きでオレら、政治の知識ないやん？　せやのにそんな話聞いても理解できる気せえへんから、あんまし意味ないんとちゃうかなあ。
トシキ　それがさ、どうもその政治家の人、オレたちでも絶対理解できるって宣言してるらしいよ。つーのも、普通に政治の話するんじゃなくて、ちょっと変わった解説をするんだとかで。
ひっち　へ？　変わった解説ってどゆこと？
トシキ　たしか、政治の解説なのにルフィとか悟空とかが出てくるって聞いたような……。
レン　ヤバい、ルフィキター!!　ウェーイ!!!
ひっち　ウェーイ!!!（レンとハイタッチ）
トキト　お前らウケすぎ！　でももしかして、その政治家の人の話聞いたら、みんな選挙行きたくなっちゃったりしてな。
トシキ　それマジ奇跡！　だってみんな、選挙なんか一回も行ったことないでしょ？
ひっち　うん。
トキト　ないわ。
レン　オレもない！
トシキ　こんなオレらを選挙行く気にさせるなんて、合コンでお持ち帰りするよりムズいっしょ！
トキト　なるほど、投票所にお持ち帰りってわけか。
ひっち　えっ、なに!?　いまの上手くない!?

男でもわかる治の話

ギャル政

おときた駿×4人のギャル男たち

Shun Otokita & 4GYARU-O

ギャル男でもわかる政治の話

CONTENTS

もくじ

CONTENTS もくじ

ISSUE 2 僕らのこの国について

CONTENTS もくじ

コラム

CONTENTS もくじ

第一部

そもそも政治ってなに？

「政治ってなんだか退屈そう」――正直、そのセリフはもう聞き飽きた。これからの話は、きっと最後まで夢中で聞いてしまうことを約束しよう。まずは、「政治」のわかりにくさの原因になっている、４つの基本について話していこう。

政治って結局、
誰のために
行われているの？

政党ってほんとう
に必要なの？

憲法って破ると
どうなるの？

時間割

1限目　政治とは？　→29ページ

「悪魔の実」はなくとも僕らには選挙権がある

この世界に「政治」が必要な理由、僕らと政治家の関係について

2限目　民主主義　→47ページ

国民的アイドル解散騒動は民主主義？

「とりあえずの結論」を出す民主主義のつくり方

3限目　憲法　→63ページ

憲法とは「ジャンプ三原則」である！

政治家が守るべき民主主義の大原則とは

4限目　政党・議会　→77ページ

政党政治は海賊団のチーム戦である

民主主義が生み出した「政党」と二院制のこれから

PART 1

知らないとヤバい！

政治の問題

まずはウォームアップ。次の３つの問題を解きながら、今回の講義でとりあげる内容について考えてみよう。

〈第1問〉

私たちの社会では、民主的にものごとを決めるためにあるルールが使われることがあります。国会や裁判所でも使われているそのルールとは、なんでしょうか。

〈第2問〉

国会議員の仕事は、なにを作ることですか。

〈第3問〉

現在の総理大臣が属する政党は、なに党ですか。

オレ、けっこう自信ありますよ。レンとどっちが天才か、このテストで勝負してみせます!

トシキの解答

〈解答1〉

選挙

〈解答2〉

常識

〈解答3〉

自民

レンの解答

〈解答1〉

多数決

〈解答2〉

ルール

〈解答3〉

民主

うーん、政党って、これしかわからなかったよ……ほかにもなんかあるんだっけ? もうやだ……。

正解は90ページ

トシキ「オレ、自民と民主で迷ったんだよね〜」レン「これしかわからなかった……」

①
限目

政治とは?

「悪魔の実」はなくとも僕らには選挙権がある

この世界に「政治」が必要な理由、僕らと政治家の関係について

「政治ってなんですか？」——この質問に100％的確に答えられる人は、どれぐらいいるだろう。意外に多くの人がわかっていないけれど、実はとってもシンプルなことだったりする。なぜ僕らには政治が必要なのか、政治家とはいったいなんなのか。ここで君たちは、丸裸の「政治」を目撃する。

おときた　ふたりとも、ちゃんと時間通りに来れたね。
レン　はい！　今日はホント楽しみだったんで、不思議とすぐ起きれました。
トシキ　嘘つけ！　寝坊しないように起こしてくれってレンが言うから、オレが電話してあげたんじゃん！
おときた　まあまあ。それじゃ、事前に今日の打ち合わせかなんかやったのかな？
トシキ　そうですね。毎回モデルになって撮影するときは、多少電車が遅れても間に合うようにって、開始の1時間前には集合するようにしてるんです。
レン　その1時間があればぐっすり眠れるのに……。
トシキ　どうせそれで寝坊するんだろ！
おときた　レンくんは朝が苦手のようだね（笑）。すると、みんなの間でも、撮影のときのルールってあるんだ。
トシキ　当たり前じゃないですか。プロなんで、そこはきっちりやんないと。
おときた　おお、偉いね。というのも、それって実は今日する話とほとんど同じなんだ。
トシキ・レン　？？？
おときた　ところでふたりは、「政治」ってなんだと思う？
レン　え〜、なんだろ。オショクとか？
おときた　いきなりそういうイメージか！（ガクッ）　トシキくんはどう？

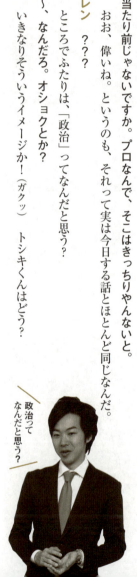

トシキ なんか、偉い人がやってること？
おときた うんうん。じゃあ、なにをしてると思う？
トシキ 国会答弁《こっかいとうべん》みたいな感じで、なんかしゃべってたり。
おときた おっ！ そうそう、よく知ってるね。
トシキ でもぶっちゃけ言葉を知ってるだけで、なにしてるかはよくわかんないです。
おときた なるほどね。「政治」ってあまりイメージがわかないみたいだけど、**実は、ふたりはもう政治に近いことをしている。** ふたりは以前、撮影の日は1時間前に集まるって、打ち合わせして決めたんだよね？
トシキ・レン そうです！
おときた それって、編集部のみんなと決めてそうしたの？
トシキ ですね。
おときた じゃあもし、そのルールを決めてなかったら、どうなってた？
レン 絶対寝坊してました！
トシキ ほらみろ！
おときた でもさ、みんなで決めたルールだから、トシキくんもレンくんも朝頑張って集まったんだよね。
トシキ 間違いないっすね。撮影、大事なんで。

おときた　ということは、ふたりがしてたことって、そのまま「政治」なんだ。

レン　えっ？　どういうこと？

おときた　つまり、政治というのは、世の中のいろいろなことを話し合いで決めていくという営み、それ自体のことをいうんだ。

レン　話し合いで決めていく……イトナミ??

おときた　まだわかってないなー（笑）。**学校や仕事のルールでも、「話し合い」という方法で決めるなら、それはすべて政治なんだよ。**

トシキ　じゃあ、オレたちがよく話し合って飲み会の場所とか決めてるのって、それも政治だったの？

おときた　そう！　「人が2人以上集まれば政治が生まれる」と言うくらいで、君たちも毎日政治に接している。

レン　なんか、頭が良くなった気がする〜！（笑）

おときた塾の学び ❶

政治とは、みんなで話し合ってルールを決めること。

エースの火拳《ひけん》は使えないけど、僕たちには選挙権がある

おときた　じゃあ、逆に「政治がない世界」というのはどんな状態だろう。話し合い以外の方法で決めようとすると、どうなると思う？

トシキ　話し合い以外……？

おときた　たとえば、いまふたりが話し合いをしなくてよくて、レンくんが「トシキくんのチョーカーがほしい」と思ったら、どうする？

レン　えっ、盗《と》る？

トシキ　おい、即答だな！

おときた　でも、ある意味正しいよ。このように、**話し合いをしないと暴力に支配された世界になってしまう。**これを僕は海賊たちが跋扈《ばっこ》する『ワンピース』の世界と一緒だと言ってるんだけど。

レン　ワンピース!?　それはヤバいな～！　オレ、メラメラの実がいい！

トシキ　それでいったら、オレはマネマネの実かな。あれ、実は最強でしょ！

おときた　食いつくな～（笑）。いま、ふたりは完全に悪魔の実を食べた能力者目線で話

『ワンピース』

ギネス認定された、世界でもっとも売れている漫画。抜群の面白さを誇るが、80巻を超えてもなお完結する気配がなく、おじさんたちにはそろそろ読むのがつらい

しているけど、もしもそうじゃない一般人だったらどうだろう?

レン　え、どういうこと?

おときた　そうだね。たとえば、魚人族《ぎょじん》のアーロンっていたじゃない?

トシキ　なつかしいな〜。ナミの村を占領してた悪いやつですよね?　ナミに「1億ベリー持ってこい!」とかって言った。

おときた　そうそう。どうして、ナミとか村の人はそれにしたがっていたんだろう?

レン　そりゃ、アーロンが強すぎるからじゃない?　逆らうと殺されるし。

おときた　じゃあ、もしふたりが「ワンピース」の登場人物だとして、ココヤシ村の住人だったらどう?

トシキ　**ムリだー!**

レン　絶対逃げる!　だって、アーロン容赦《ようしゃ》ないじゃん。

トシキ　「オレが法律だ!」とか言いそう。

レン　**地獄だ……。**

ココヤシ村

魚人族に支配され、人間たちが奴隷になっていた不幸な村。さらには村を守るべき海軍まで魚人族と癒着《ゆちゃく》しており、政治腐敗を絵に描いたような状況であった

能力者

悪魔の実を食べると、超人的な能力が身につくとされている。しかし、登場人物がどいつもこいつも超人的なので、もはや誰が能力者なのか区別がつかない

おときた でしょ？ **「政治」がない世界では、力の優劣でものごとが決まってしまう。**弱い者は強い者にしたがうしかない世界だね。

トシキ めっちゃ不公平だ……！

おときた その通り。もちろん、いまだって完全に公平な社会とは言えないけど、それでもみんなが平等な社会を目指せるのは、基礎に「政治」があるからなんだ。

レン 政治に感謝しなきゃ。

トシキ でも、その「政治」がある世界にするためには、どうしたらいいんだろう？ さっきの話だと、アーロンみたいなやつがいたら絶対無理ですよね？

おときた いい質問だね。そう、アーロンみたいなわるいヤツがいたら、公平な社会を作ることは難しい。でも現実世界においては、そんな権力者を倒す強力な方法が存在する。

トシキ えーっ!? なんですか？

おときた ふっふっふ。ヒントは、なんとか「けん」。

トシキ ……なんとか「けん」？

レン あっ、わかった！ 火拳！ エースの火拳だ！

おときた うん、残念。

レン あ、そうか！ いまの火拳はサボだ！ じゃあ、サボで！

おときた ……ごめん、質問の仕方がわるかったね。ある「権利」を持っている、と言っ

エースの火拳／サボ

主人公ルフィの兄弟分・エースがメラメラの実を食べて身につけた必殺技が火拳であり、同じく兄弟分のサボに継承《けいしょう》された。作中屈指の人気を誇る、かめはめ波的存在

た方が正しいかな。僕もふたりも持っていて、多ければ多いほど力を発揮する権利。

レン　**え〜、そんな悪魔の実あったっけ？　ケンケンの実？**

おときた　ワンピースはいったん忘れようか。２０１６年の夏から、18歳の若者も持てるようになるんだけど……。

トシキ　**もしかして……選挙権？**

おときた　正解！

トシキ　**よっしゃ！**

レン　**なんだ、選挙権かあ。**

おときた　レンくんはあまり納得してないみたいだね。

レン　**だって、選挙できたって別に得することないじゃん。**

おときた　損か得かの話はこれからしていくけれど、**この権利は、古くは悪魔の実みたいに貴重な存在だった**んだよ。

レン　**えっ、そうなの??**

おときた　選挙権を持っているだけで尊敬された時代もあったんだよ。それこそ、火拳のエース、火拳のサボ、選挙権のレンってぐらいにね。

レン　**おお〜。そう聞くと、なんだかすごそう。**

おときた　うん。選挙権だって立派な権利なんだ。使っていいものは使わないと、もっ

たいないよ。

トシキ でも、どうして選挙権があるとアーロンみたいな権力者を倒すことができるんですか??

おときた それはね、選挙はみんなの代表を誰にするか選ぶことだけど、逆に**代表にしたくない人を〝選ばない〟ということもできる**んだ。

トシキ ……選ばない？

おときた そう、僕たちには選挙権があるから、権力者が勝手なことをしたら、次の選挙ではそいつに投票しないで、ほかの人に入れればいい。そうすることで僕たちは、そいつを権力の座から引きずり下ろすことができる。

トシキ そうか。**選挙って、誰かを「選ぶ」だけじゃなくて、誰かを「選ばない」ことでもある**のか。

おときた その通り。このシステムがあれば、権力者もそうそう悪いことはできないんだ。ただ、残念ながらひとりひとりの「けん」の力は弱い。

レン うん、**オレ、自分ひとりが入れても入れなくても影響ないって思っちゃう**かな。

おときた そう、だからこそ、みんなが力を合わせてまともな人を選ばなくちゃいけないんだ。

おときた塾の学び ❷

話し合いがないと、暴力で支配された世界になる。選挙権があれば、暴力抜きで権力者とたたかうことができる。

政治家「オラに元気を分けてくれ！」→どの悟空に元気を与えたい？

レン　うーん、理屈はわかるんだけど、それでもなんだか自分には関係ないって思っちゃうなあ。

おときた　まあ、そうだよね。みんなは普段、学校も仕事もあるから、政治のことばかり考えてもいられない、って気持ちはよくわかるよ。

トシキ　オレなんか、撮影のこと考えるので精一杯だ……。

おときた　でしょう。だからこそ、**政治はほかの誰かに依頼して、僕らの代わりに話し合いをしてもらう**。これって、要は「元気玉《げんきだま》」みたいなことなんだ。

元気玉

すべての生物から少しずつ元気を集めることで強大なエネルギーを作り出す悟空の超必殺技。その威力には、胸がパチパチするほど騒ぐらしい

トシキ 元気玉って、『ドラゴンボール』の??

レン 「オラに力を分けてくれー!」っていう、あの?

おときた そう。悟空はあの技で、僕たちから力を分け与えられて、僕たちの代わりに戦っているよね。これは、政治のシステムと同じなんだ。政治家も、僕たちひとりひとりから票をもらって、僕たちの代わりに政治をする。言うならば、**政治家は悟空**ってわけだ。

トシキ そうか……それじゃ、選挙はなんになるんですか?

おときた そうだね、悟空Aが「オラに元気を!」と言っている横で、悟空Bが「いや、オラにこそ元気を!」、悟空Cが「いやいや、オラにこそ……」って言っていて、僕らがその中からひとりを選ぶようなシステムだね。

トシキ なるほど、それで**どの悟空に力を分けるか決めてるのが選挙か!**

レン するとオレ、まだ悟空に元気を与えたことないな……。

おときた それは悟空が「手をかざしてくれ!」って頼んでいるのに、手をかざさないで見なかったフリをするようなものだよ(笑)。

トシキ ヤバい、地球がつぶれる〜!

レン せっかく戦ってくれてるのに……。悟空、ごめんな(涙)。

『ドラゴンボール』

言わずと知れた国民的少年漫画。主人公の孫悟空は誰からも愛されるキャラクターだが、空気を読まずにバトルを始めるので、たぶん政治家には向いてない

おときた　実際、魔人ブウ戦ではみんな疑い深くて手を挙げなかったんで、人気者のミスターサタンが「早く手を挙げんか！」と言って、やっと挙げたよね。ミスターサタンに言われて地球がほんとうにヤバいんだって思わないと、みんな手を挙げないっていう。選挙だったら、政治がヤバい！って思ったら手を挙げるべきなんだ。

おときた塾の学び③

どの政治家に力を分け与えるかは、選挙で決める。政治がヤバいと思ったら、選挙に行くべき。

「自分は関係ない」と思っているとヤバいことになるかもしれない

レン　でもオレ、政治がヤバいって思ったこと、正直ないんすよね。

おときた　うーん、そうか……。じゃあ、**政治家の仕事はなんだろう。**別に、バトルをするわけじゃないよね？

レン　政治家の仕事……政治をする人？

魔人ブウ戦

ドラゴンボールにおける堂々のラスボス戦。地球を守っているのに市民にまったく感謝されない悟空の姿に、全政治家が涙した一戦と言われている（ほんとかよ）

おときた　そのままじゃん！

トシキ　テレビでよく見るのだと、国会に行って……。

レン　寝てる？

おときた　まあ、残念ながらそういうシーンもよくあるんだけど（苦笑）。
正解を言うと、**政治家は法律を決めている。**

トシキ・レン　ふーん。

おときた　ふーん、って！　法律は僕たちの社会のルールなんだぞ。たとえばさっきみたいに、「チョーカーを盗ったら窃盗《せっとう》罪で罰金」くらいがいまのルールだけど、もしかしたらそれが改正されて、「チョーカーを盗ろうと思っただけで即死刑」になることだってありうる。

レン　ヤバい、オレ、死刑じゃん！

トシキ　レン〜！（涙）

おときた　まあそれはたとえだけどね。法律っていうのは、こうやって僕たちの行動を規定しているんだ。だからいまのたとえみたいに、**法律を作る人がめちゃくちゃだったら悲惨なことになる**ってこと。歴史上はヒトラーとかの独裁者《どくさいしゃ》がいて……って念のため聞くけど、ヒトラーって知ってる？

トシキ　知ってますよ、この前Twitterで見たし。

レン　え、フォローしてるの？

トシキ　違うよ、なにかのニュースのツイートでだよ！

おときた　なんだ、復活したのかと思ってびっくりした（笑）。じゃあ、ヒトラーはなにをした人かわかる？

トシキ　……迫害？

レン　ハクガイってなに？

おときた　「あっちいけ！」って追い払うことだね。

レン　えー、イジメじゃん！

おときた　そう。でもヒトラーはかつて、めちゃくちゃ人気のある政治家だったんだ。それで選挙で選ばれて、ユダヤ人を迫害する法律を作ってしまった。気づいたときには、誰にもヒトラーを止められない状況にされてしまっていたんだ。

トシキ　ユダヤ人、めっちゃかわいそう……。

おときた　ヒトラーはユダヤ人を徹底的に嫌っていたからね。だから、もしギャル男が死ぬほど嫌いな政治家が日本の首相に選ばれて、「ギャル男モデルを迫害する」法律ができることだって、可能性としてはなくはないんだ。

レン　**それは困る!!**

ユダヤ人を迫害する法律

「ドイツ人の血と名誉を守るための法律」という厨二病《ちゅうにびょう》感満載の法律がほんとうに可決され、これによってユダヤ人たちは公然と迫害を受けることになった

ヒトラー

たぶん世界で一番有名な独裁者。ユダヤ人の大量虐殺を指示した怖いイメージと裏腹に、青年時代はネクラな絵描きでマザコンだったらしい

おときた　そう、**「自分は関係ない」と思っていると、危ないヤツが選ばれて、取り返しがつかなくなるかもしれない。**だから選挙に行かなきゃいけないんだ。

おときた塾の学び 4

政治家の仕事は、法律を決めること。昔ドイツで、めちゃくちゃな政治家が選ばれて地獄絵図になったことがある。

ひとりひとりの力がなければ悟空＝政治家は地球を守れない!?

おときた　どう？　選挙に行きたくなってきた？

レン　……30％くらいかな？

おときた　まだそれくらいか！（ガクッ）　残りの70％はなんで？

レン　うーん、政治家が誰のためにやってるのか、よくわかんないからかな。

おときた　それ、すごく重要だよ。悟空なら地球のために戦うんだけど、政治家の場合はそうとは限らないからね。というかハッキリ言ってしまうと、**政治家は選挙で自分に投票してくれる人のために政治をするんだ。**

レン　えーっ！　そんなのズルくない？

トシキ　……でもそうか、政治家も選ばれなかったらイヤだから、選んでくれなかった人に対してまでなにかしてあげようとは思わないんじゃ？

おときた　そのとおり。いま、若者が選挙に行かないって言われているよね？　そうすると、**いまの政治が誰のためのものになってるかって言ったら、票をくれない若者じゃなくて、票をくれるお年寄りなんだ。**

トシキ　オレたち、選挙なんか全然行かないもんなあ。

レン　それじゃなんか損しそうだから、やっぱり選挙、行ったほうがいいのかな……。

おときた　うん。僕はよく、「一票は偉大な歯車」と言っていてね。

レン　イダイナハグルマ？

おときた　そう。たしかに僕たちは社会の小さな歯車かもしれないけど、ひとつでも欠けてしまうと、「社会」という機械がしっかり動かなくなってしまうんだ。ドラゴンボールの世界だって、元気玉が完成しなかったら、魔人ブウ篇で地球は全滅してたよね。**地球を守っているのは悟空だけじゃなくて、僕たちひとりひ**

いまの政治が誰のためのものになってるか

若者や子どものために使われる予算が、日本は先進国の中で最下位クラス。そりゃ保育園は増えないし、奨学金返済で苦しむ若者も減らないわけである（合掌）

とりなんだ。

トシキ おーっ、なんかカッコいい!

おときた だから、政治については、「選挙に行こう」と声を大にして言いたいかな。次の時間から、その具体例をどんどん見ていこう。

トシキ っていうかおときたさん、漫画、詳しすぎですよね?

レン それも政治家の仕事なんですか?(笑)

おときた ほっとけ!

おときた塾の学び ⑤

政治家は、選挙で票をくれる人のために政治をする。誰かひとりでも欠けると、社会はうまく動かなくなる。

おときたさん漫画詳しすぎ!

COLUMN 1

政治のもうひとつの役割、「再配分」

政治とは話し合いでなにかを決めることで、おもに法律などのルールが政治家によって決められることは、ここまででだいたいわかってくれたと思う。けど、政治にはもうひとつ大事な役割がある。それが **「再配分」** だ。

再配分なんていうと難しい気がするけれど、**要は予算の使いみちを決めること**。みんなからうまく集めた税金を、どこにどう使うかを決めて、もう一度社会のために還元していく。これはつまり、お金持ちからは多く税金を集めて、貧しい人に優先的に配っていくってこと。この再配分がうまくいかないと格差が開いて、貧乏人はお金持ちをやっかむようになり、社会は不安定になってしまうんだ。

だけど、政治家も人間だ。1限目で見てきたように、政治家はしばしば「選挙で自分に投票してくれる人のため」に行動してしまう。そして日本で圧倒的に投票率が高いのは、ずばり高齢者層。ということは……**集められた予算が、高齢者のために優先的に使われるようになってしまわれがち**なんだ。

結果、いまの日本には「裕福な高齢者層と、貧しい若者たち」という構図が生まれつつあって、これは世代間格差と言われる大きな問題になっている。

政治家たちにしっかりとフェアな再配分、つまり公平な予算の使いみちを決めてもらうためにも、若い人たちが選挙に行って自分たちの代表者を送り込むことは、やっぱりきわめて重要なんだね。

②

限目

民主主義

国民的アイドル解散騒動は民主主義？

「とりあえずの結論」を出す民主主義のつくり方

2015 年夏、国会前で「民主主義ってなんだ？」と叫ぶ人たちが話題になったね。「民主主義」とはなにか、実は某巨大アイドル事務所の解散騒動が、その意味を教えてくれている。そう、民主主義っていうのは、要するにこういうことなんだ。

あの「国民的アイドルグループ」騒動で民主主義がよくわかる

おときた　1限目は、政治はルールを決めるための話し合いだっていう話だったね。さて、2限目では、そうやって話し合って決めるときの決め方について話していこうかな。

レン　決め方？

おときた　そう。たとえば、ふたりが来週渋谷で合コンすることにしたとして、お店はどうやって決めるだろう？

トシキ　それはもう、オレのイチオシのお店があるんで、それ以外選択肢はないっすね。

レン　ちょっと待った、トシキの選ぶお店っていつもディープすぎて、合コンって感じじゃなくない？　この前だってさ、合コンなはずなのになぜか爬虫類《はちゅうるい》カフェだったんだけど……。

トシキ　いいじゃん。爬虫類かわいくない？

レン　いやいやいや、ヘビに睨《にら》まれながら合コンに集中できるかって！　わかった、それじゃあオレもお店の候補挙げるから、参加メンバーにどっちがいいか聞いてみて、多かった方に決めたらよくない？

トシキ まあいいけど、どうせ聞いても無駄だよ。オレのお店のほうが絶対人気あるから。
レン んなわけないでしょ！
おときた はいはい、そこでストップ。僕は爬虫類カフェはどうかと思うけど……ってまあそれはいいや、ふたりがいまお店を決めるのに採用したルールって、実は政治においても基本的なルールとして採用されているものなんだ。
レン ええっ、そうなの!?
トシキ 多かった方を採用、ってことは……多数決？
おときた そう、正解！ 多数決はふたりもよく知ってるから簡単に説明しておくと、ある問題について賛成か反対かを聞いて、半分より多かったどちらか一方に決定する、というルールだね。**多数決は民主主義を支える基本のひとつ**とも言えるんだけど……民主主義ってなにかわかる？
レン 民がおもになる主義？
トシキ 漢字そのままだろ！
おときた オーケー、ここからはじゃあ、とある巨大芸能事務所で発生した、某国民的アイドルグループのお家騒動を例にして説明していこう。
トシキ 国民的アイドルグループ？
おときた さすがに実名はちょっと怖いので、**頭文字をとってエス・エム・エ**

ー・ピーでどうかな。

レン　イニシャルトーク！

トシキ　っていうかまんまSMAPじゃん！（笑）

おときた　２０１６年初めに、そのＳＭＡＰが「事務所を独立か」というニュースが流れたのって、覚えてる？

レン　はいはい、謝罪会見、見ました！

おときた　あのとき、メンバー5人のうちの４人は独立に賛成、１人は迷っていたらしいんだけど、事務所のトップが「独立なんぞ許さん！」と言ってその話は流れ、４人は謝罪することになったんだね。

トシキ　そういう理由でモメてたんだ……知らなかった。

おときた　そもそも知らなかったのかよ（笑）！　さて、この騒動ってどうですか、民主的だと思う？

レン　違います！　多数決じゃないから。

トシキ　偉い人のやりたいことを押し付けられているだけだから、民主的じゃないです。

おときた　そうだね。ふたりとも正しい。今回は事務所の偉い人の意向で、グループの「独立したい」っていう意向が反映されなかったわけだよね。

謝罪会見

2016年1月18日にTV番組「SMAP×SMAP」内で急遽《きゅうきょ》、生放送でメンバー4人からの謝罪会見が行われ、その殺伐《さつばつ》とした雰囲気にお茶の間の皆さんはガチで震撼《しんかん》した……

レン なんか、無理やり頭を下げさせられてたし。

おときた あれ、よくないよね。こういうことが起きないようにするのが民主主義なんだ。つまり、**民主主義というのは、ひとりひとりの意見を尊重《そんちょう》して、平等に決断する自由を与えること**だと言える。

トシキ じゃあ、SMAPの事務所は民主主義じゃないのか。

おときた そうだね、SMAPのメンバーが独立したいというのであれば、独立させてあげるのが民主主義だね。

おときた塾の学び 6

多数決は、民主主義を支えるルールのひとつ。
民主主義とは、ひとりひとりの意見を尊重して、
平等に決断する自由を与えること。

民主主義ならSMAPは独立！ そのときキムタクはどうなる？

トシキ　でもさ、実際にはSMAPの中でも意見が割れてなかったっけ？

レン　ああそうだ、キムタクが迷ってたんだ。

おときた　言っちゃうのかよ！　じゃあもう、固有名詞でいいや（笑）。実際には、キムタクは独立に反対していた。でも、いくらキムタクに人気があったとしてもキムタクひとりの意見では決まらなくて、残りのメンバー4人が独立を選ぶのであれば、多数決で独立することになるんだ。

トシキ　なんだか、キムタクがかわいそうな気がしてきた……オレ、キムタク推しだから。

おときた　いい指摘だね。いくら多数決が重要と言っても、キムタクの意見をまったく無視するわけではないよ。**民主主義には「少数の立場も尊重する」という原則もある**から。

レン　じゃあ、ここまでモメてるときはどうすればいいの？

おときた　たとえば、期間限定の独立とか、ほかの事務所で新グループを作るけどSMAPとしての活動も継続するとか。そうやってあいだを取るための話し合いをする。

トシキ　どっちかが損するとかじゃなくて、できるだけみんなが納得できるまで話し合うのか。

おときた　そう！　とは言え、やっぱり折り合わないことはある。キムタクはメンバーで唯一結婚していて家族がいるし、家族のためを思うと独立できない、というようにね。

トシキ　折り合わなかったらどうするんですか？

おときた　そのときは、何年かあとにまた話し合いをすることになっているね。なにせ、**民主主義で出した結論は、とりあえずの結論に過ぎない**と言われているから。

レン　一度決めたことでも、またあとで変わるかもしれないってこと？

おときた　その通り。これ、民主主義におけるとっても大事なポイントなんだ。多数決で出すのは永遠に続く結論ではないってこと。

トシキ　なるほど～。何年か経てばほかのSMAPのメンバーにも家族ができるかもしれないしね。

おときた　うん。実は、選挙が何年かに一度、必ずあるのも同じ理由からなんだ。

レン　へー。あれ、どうしてだろうって思ってた。

おときた　**選挙は、以前の民主主義の決定を見直すためにある**んだ。その人を選んでよかったのか、別の人を選んだ方がよかったんじゃないかって、

選挙が何年かに一度、必ずある

衆議院選や首長選、地方議員選は４年に１度、参議院選は６年に１度行われる。でも首相がいる衆議院は、気まぐれで不定期に解散総選挙もするので注意

選挙を通じてもう一度検討するわけだ。

トシキ　投票ってそういう意思表示でもあるのか！

おときた　そう。だから、そういうときのために**少数意見もいつか逆転する可能性を残してあげるのが重要**なんだ。どう、わかってきた？

レン　……みんな平等なんスね！

おときた　君、わかってないだろう（笑）！

> **おときた塾の学び⑦**
>
> 民主主義には、「少数の立場も尊重する」という原則がある。民主主義で出した結論は、「とりあえずの結論」にすぎない。

SMAP騒動の原因「世襲《せしゅう》」は民主主義の敵だった!?

おときた　ちなみに民主主義の反対ってなんだかわかる？

レン　民が主の反対だから……王主主義？

トシキ いや、主じゃなくて従う方だから民従主義とかじゃゃね？
おときた 残念。正解は独裁主義、だね。
レン あーそれ言おうと思ったのに〜！
トシキ どの口で言ってる！
おときた まあまあ。前回、ヒトラーの話題が出たけど、あれなんかは典型的な独裁主義だ。全体主義という言い方もあって、全体主義ではひとりひとりの意見よりも全体の利益が優先されるんだ。
トシキ 全体の利益ってどういうこと？
おときた さっきのSMAPの例で言えば、ジャニーズ事務所全体としてはSMAPを独立させると大損してしまう。だから独立するな、という考え方になるわけだ。
レン ほかの人のために我慢しろってことか……。
おときた それを誰が決めるかというと、ボスであるジャニーさんひとりだよね。こういう場合、さらに独裁主義になる。
トシキ 独裁ってなんでいけないんですか？ ジャニーさん、いままで結構うまくやってきたのに……。
おときた たしかに、ジャニーさんはジャニーズ事務所を一代で築き上げたわけだから、トシキくんとしては任せてもいいと思うかもしれない。でも、独裁主義にはひとつ問題が

あってね。

レン　問題？　なんですか？

おときた　政治家で、二世とか三世って聞いたことはある？

トシキ　はい、あります。

おときた　有名な政治家の子どもが、親の力で選挙に勝てたり、重要な役職につくことができたりするように、**権力者は自分の子どもを後継者《こうけいしゃ》にしたがるもの**なんだ。これを世襲《せしゅう》と言う。今回のＳＭＡＰの騒動も、発端《ほったん》はジャニーさんの後継者争いと言われているね。

レン　そんな内輪モメが、ここまでこじれちゃったのか……。

おときた　そう、**世襲にはトラブルがつきもの**だ。中国の王朝や日本の権力者の歴史を見ても、優秀な人物の子どもが優秀とは限らないからね。

トシキ　そうか、それで独裁主義はダメなんだ。そうすると、話し合いで決められる民主主義のほうがやっぱりいいってことか。

おときた　まあ、独裁に近くてもうまくいっている国はあるんだけどね。

レン　え、どこですか？

おときた　たとえばシンガポール。小さい国で発展途上であれば、話し合いをするより

指導者にしたがった方が国家の成長が速い、という発想で、いまのところうまくやってるみたい。ちなみにこの種の独裁主義のあり方を「開発独裁《かいはつ》」という。

トシキ じゃあ、いい独裁もあるってこと？

おときた とはいえ、二世になったり経済が発展してきたりすると国民も自分たちで決めたくなるから、次第に体制は揺らいでいくんだ。

レン やっぱり独裁主義は難しいのか。

トシキ ＳＭＡＰも民主主義にしなきゃ、だな！

おときた塾の学び 8

民主主義の反対は独裁主義。独裁主義は、世襲によるトラブルがつきものだからＮＧ。

開発独裁

多少国民に犠牲が出ようとも、カリスマ的なリーダーが国家繁栄《はんえい》のために強力に政策を推進していくストロング・スタイル。意思決定と実行の速さがウリ

中国の王朝や日本の権力者の歴史

聖徳太子が使いを送った超大国「隋《ずい》」も、二代目皇帝がボンクラでサクっと滅亡した。日本の有名戦国武将も、息子はイマイチなケースが多い。もちろん、例外もある

ウェイウェイしてると「日本が独裁者に支配されてしまう」理由

おときた　でも、民主主義にすればそれで安心かというと、そうでもないよ。

トシキ　えっ、どうして？

おときた　**民主主義であっても、一度選挙で選んだ権力者を放っておくと、独裁者が生まれてしまうかもしれない**からね。

トシキ　……じゃあ、日本も独裁主義になるかもしれないってこと？

おときた　その可能性はゼロではないね。なぜかと言うと、民主主義では社会のルールが話し合いで決まるから、みんなが独裁主義がいいと言えば独裁主義になってしまうんだ。

レン　みんな、独裁がいいって言うかなあ。ＳＭＡＰみたいに謝罪させられるのはイヤじゃない？

おときた　まあね。でも、実際には昔のドイツでそれが起こった。もともとドイツには民主主義の憲法《けんぽう》があったんだけど、ヒトラーが人気になって、みんなその人気に流されてしまったんだ。

トシキ　「ウェーイ！」って？

おときた そうだね（笑）。最初は戦間期の非常事態ということで、一時的な独裁だったんだけど。国民に信頼されている間に、憲法を無視してどんどん法律を書き換えてしまった。

レン それ、気がつかないものなのかな……？

おときた 「みんなオレについてきてくれるかー！」

トシキ・レン 「ウェーイ！」

おときた 「法律を書き換えるぞー！」

トシキ・レン 「ウェーイ！」

おときた 「明日から独裁だー！」

トシキ・レン 「ウェーイ！」

おときた でしょ？

トシキ・レン **なるほど……。**

おときた まあ会社だったら、ワンマン社長の下でも社員たちが納得してればそれで良いんだろうし、嫌なら辞めればいいからね。政治の場合は、誰もが生まれてくる国を選べないから問題なんだ。未来を担う子どもたちのためにも、自分たちが選んだ権力者をしっかり監視しておく必要がある。

憲法を無視してどんどん法律を書き換えてしまった

1933年3月23日、「全権委任法」といういかにもアレな法律がドイツ国会で可決され、翌1934年には大統領制を廃止、ついにヒトラー総統が爆誕した

ドイツには民主主義の憲法があった

1919年に制定されたワイマール憲法は、国民主権や男女平等選挙権を明記した、当時もっとも民主的な憲法だった。ヒトラーによってあっさり消滅、享年14歳

レン　ウェイウェイしてたらダメだってことですね！

おときた　そう。だから、**民主主義を生かすには、誰かひとりに決定権が与えられているような状況にすることなく、あくまでみんなで話し合って多数決で決めるというルールにしておくこと。**それを、なにがなんでも守っていく努力が、僕らには求められているんだ。

おときた塾の学び 9

選挙で選んだ権力者を放っておくと、独裁者になる可能性がある。僕らが権力者を監視し、民主主義を守っていく努力が不可欠。

ウェイウェイしないぞ！

おときた「民主主義は、維持しようと努力しなければ維持できないものなんだよね」

COLUMN 2

民主主義をダメにする「ポピュリズム」とは？

民主主義はみんなで話し合って決めるものだけど、独裁とは別にもうひとつ、陥りがちな罠がある。それが**ポピュリズム（大衆迎合主義）**と言われるものだ。なんだかすごい単語だけど、これはみんなが目先の欲に囚《とら》われて間違った判断をしてしまう状態を言う。

たとえば、誰だって病院や交通機関がタダで利用できれば嬉しいし、税金は安いほうが良い。「多くの人がそう言っているから」という理由で、これを言われるがままに政治家が受け入れてしまう状態、これがポピュリズムだ。残念ながら**政治家たちは選挙で票がほしいから、ときにこのような大衆の意見に流されることが非常に多い**。こうして国が堕落《だらく》していく政治を「衆愚《しゅうぐ》政治」と言うこともある。

もちろん、こんな国がうまくいくはずがない。やがて国の財政は破綻《はたん》して、治安は悪化し、街は荒廃《こうはい》の一途をたどるだろう。そうならないために**政治家には、目先の利益を求めがちな大衆を抑制する理性が求められる**。

ところがこうなると、「大衆はバカだから、優秀なエリートに政治を任せた方が良い」という意見が出てくることになる。これは**エリート主義や選民思想**と言われるもので、一見良さそうに見えるけれど、この考え方がやがて独裁につながっていく。独裁のリスクは、授業で触れたとおり。

大衆迎合をしてもダメ、エリートに任せてもダメ……民主主義の運営には、実に難しいバランスが求められるということだね。

③ 限目

憲法

憲法とは「ジャンプ三原則」である!

政治家が守るべき民主主義の大原則とは

普段生活していて、憲法を意識する瞬間なんてまず訪れないだろう。けれど、憲法は民主主義を支える超絶大切な存在なんだ。それはまるで、ある人気漫画雑誌と国民的少年マンガの関係に似ている。……どういうことかって？　それは講義を聞いてのお楽しみ。

もしもルフィが総理大臣になったら!?
民主主義の欠点から憲法がわかる

おときた　いいかい君たち、**憲法って、要するに「ジャンプ」なんですよ。**

トシキ・レン　いきなり、どういうこと!?

おときた　失礼、じゃあ最初から順に話していこうか。憲法って一体どんなものだか、ふたりはイメージつく?

トシキ　そうだな……法律より上のもの?　憲法がありつつ、それに基づいて法律ができる、とか。

レン　おおー、トシキさすが!

おときた　じゃあ、トシキくんの理解を図にすると、こんな感じかな。

おときた　憲法の下に法律があって、その下に僕たちがいる。つまり僕たちは、憲法を守らなければいけない、と。

トシキ　そうです。

おときた　実はこれ、不正解です。みんなよく間違えるんだけど。

「(週刊少年)ジャンプ」
最盛期の発行部数650万部を誇る、少年漫画雑誌の代名詞。ジャンプがなければ、たぶんこの本も存在しなかったくらい、少年たちに影響を与えている。マジで

■憲法と法律の関係（間違い）

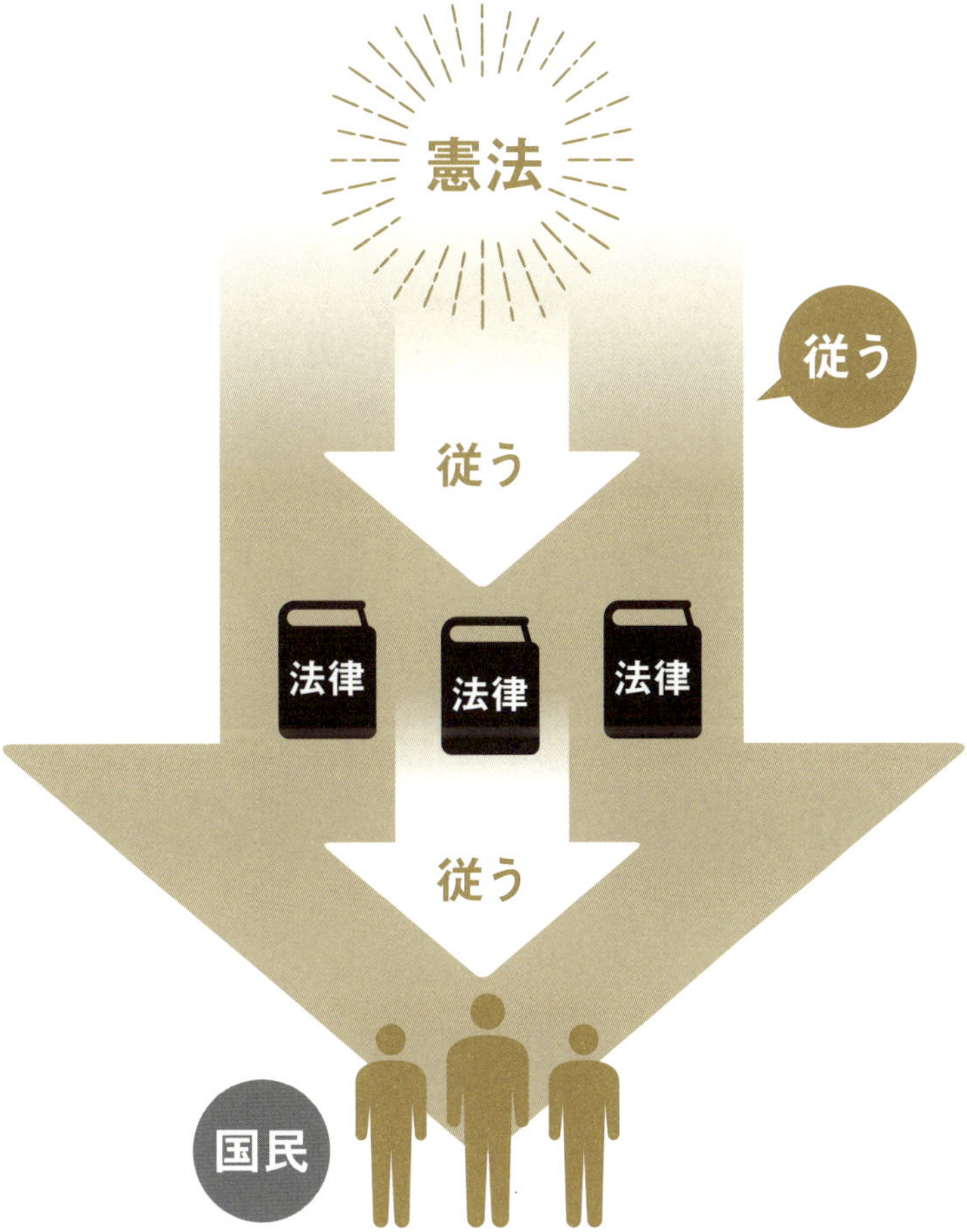

トシキ・レン　ええーっ！　なんで??

おときた　それは、2限目に話した民主主義の欠点を考えてみればわかるよ。民主主義でも、必ずしもいい結果を招かないことがあるって話をしたの、覚えてる？

トシキ　ああ、ヒトラーとか？

おときた　そう。じゃあたとえば、もう一度『ワンピース』で考えてみようか。仮に、ルフィが日本のリーダーに選ばれたとしよう。

レン　それ、ちょっといいかも！（笑）

おときた　で、そのルフィが、「これから日本は海賊王《かいぞくおう》を目指す！」って言い出したらどう？

トシキ　言いそう（笑）。でも、民主主義は多数決だから、なかなかそうはいかないんじゃない？

おときた　まあ、普通はそうだね。だけど、ゾロとかサンジとか、血の気の多い仲間も選挙で当選していて、議員の半数以上がそれに賛成したらどうなるだろう。

レン　おー、戦争だ！　ドン!!!

おときた　しかも戦争中、身代わりになって戦うルフィのために国民は食糧を差し出さなきゃいけない、みたいな法律ができるかもしれない。

レン　それは困るなあ。ルフィはよく食べるから、オレの分がなくなっちゃう。

ルフィ

『ワンピース』の主人公。悟空同様、無邪気な天然で誰からも愛されるキャラクターだが、ノリと食欲だけで行動するフシがあるため、やはり政治家には向いてない

ゾロとかサンジとか

ルフィの仲間たち。三刀流という剣術を操ったり、華麗な蹴り技で敵を倒していく頼もしい連中だが、彼らに権力を持たせたら恐ろしいことこの上ない

トシキ　そういう問題か！

おときた　あくまでいまのはたとえだけど、理論上は民主主義でもこういうことが起きてしまう。そしてそれを防ぐのが憲法だ。つまり、憲法が存在することで、独裁者による戦争みたいな事態が起こりにくくなるんだ。

トシキ・レン　**おおーっ？**

おときた　どういうことかと言うとね。まず、僕たちは政治家を選ぶよね？

トシキ　はい。

おときた　選ばれた政治家は、法律を作るのが仕事だって前に言ったけど、その法律は憲法に基づいたものじゃないといけないんだ。逆に言えば、政治家は憲法の許す範囲でしか法律を作れない。

レン　（あいまいな笑顔）

おときた　ちょっとむずかしかったか……。わかりやすく言いかえれば、**僕たちが憲法を守らなきゃいけないのではなく、権力者＝政治家たちが憲法を守らなきゃいけない**ってこと。だから、さっき間違ってるって言った憲法と法律の関係図を正しく描くと、こうなる。

おときた塾の学び 10

憲法は、僕たち国民ではなく、政治家たちが守らなくてはいけないもの。

憲法は「ジャンプ三原則」！作家が守るべきルールとは

トシキ・レン　（あいまいな笑顔）

おときた　あれれ、まだよくわかってないみたいだな。ようし、それじゃ、ゴソゴソ（カバンの中を探る）……ここで「ジャンプ」に登場してもらうとしよう！

レン　おお、本物キター！

おときた　この「ジャンプ」には「三原則」というのがあるんだけど、知ってるかな？

レン　あ、聞いたことある！　友情、勝利……あとなんだっけ？

トシキ　……恋愛？

おときた　惜しい！　正解は、努力・友情・勝利だね。

トシキ・レン　努力かー！

恋愛よりも努力なんだ！

■憲法と法律の関係（正しい）

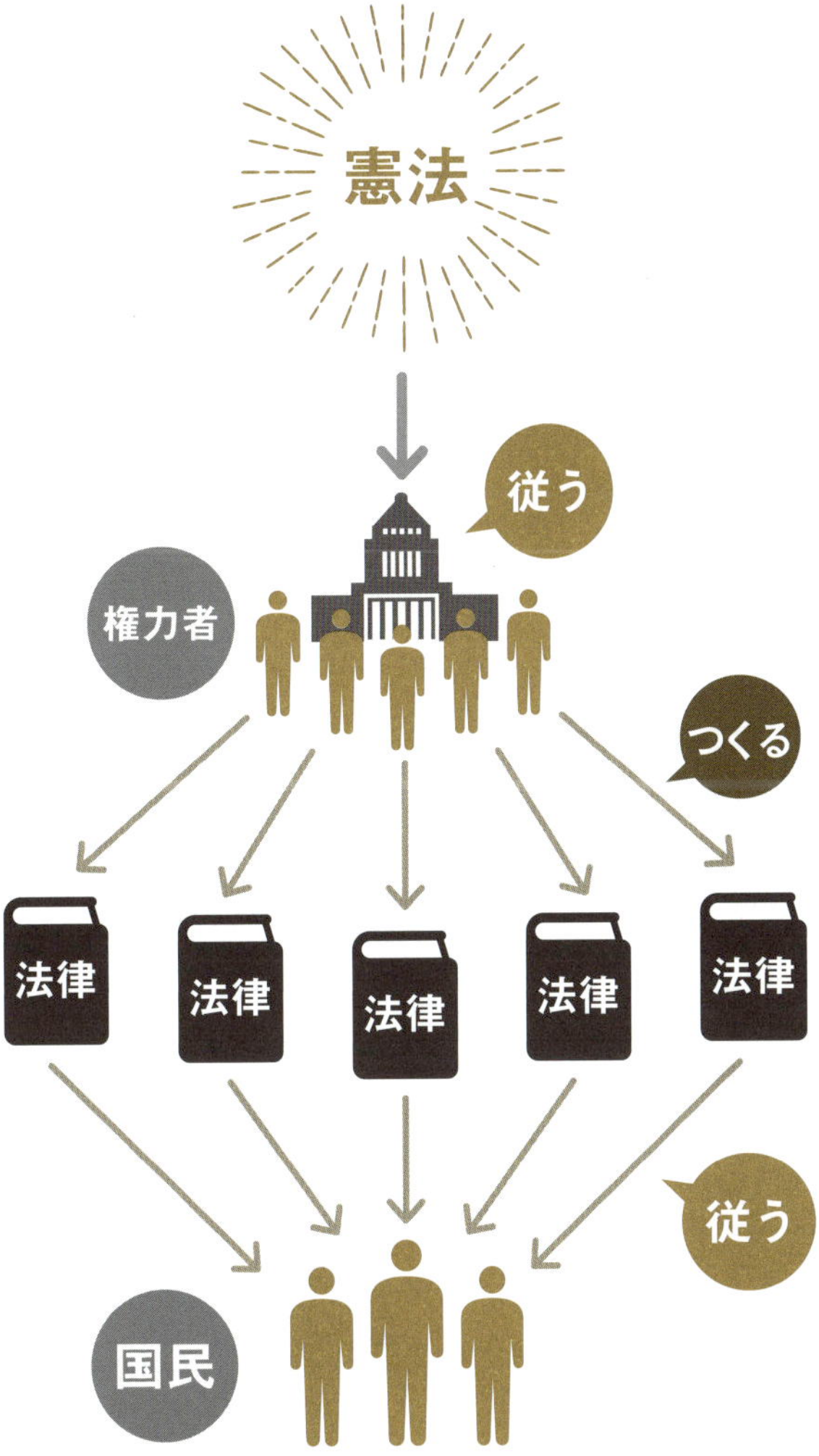

おときた　ふふふ。そして、これがまさに憲法に当たるものなんだ。というのも、ジャンプにはこの三原則を満たしている作品しか、基本は掲載されていないでしょう？

トシキ　**言われてみれば、確かにそうかも。**

おときた　で、作者は偉い人、政治家のようなもので、本来はなんでも描ける。『ワンピース』だったら「ルフィがゴム人間」とか、「海楼石《かいろうせき》はその能力を封じる」とか。

レン　**はいはい。「ゾロが女性物のシャツを着てる」とか、「サンジの両目は絶対同時に描かれない」とか。**

おときた　マニアックだなあ（笑）。まあそんな感じで、作者は自由にルールを作れるんだけど、だからと言ってなにをやってもいいわけじゃない。いきなり「エロエロの実」が登場して成人誌真っ青のどピンクな展開になったり、ルフィがカジノにのめり込んでカイジばりのギャンブルに挑んだりはしないでしょう。なんでだと思う？

トシキ・レン　**「三原則」があるから？**

おときた　その通り！「ジャンプ」に掲載する以上は、この三原則を守らなきゃいけない。つまり、**作者＝政治家は、「ジャンプ三原則」＝憲法にしたがわなきゃいけない**ってこと。

レン　**やっべー、めっちゃわかりやすい！**

おときた　登場人物であるルフィがこの三原則を守るわけではないよね。三原則を守るの

三原則はマストでしょ！

はあくまでも作者。それと同じで、**国民が憲法を守るのではなく、政治家たちが憲法を守る**んだ。

レン　いやー、マジで超わかりやすい。もうオレいまので完全に理解したね。憲法って努力・友情・勝利なんだよ、ようするにさ。

トシキ　なんで勝手に要約してんだよ！

おときた　理解してもらえたみたいでよかった（笑）。正確には、憲法の三原則は「国民主権《こくみんしゅけん》・平和主義《へいわしゅぎ》・基本的人権《きほんてきじんけん》の尊重《そんちょう》」、だね。政治家はこれを守りながら法律を作らなければいけない、というわけだ。

トシキ　あれ、でもいまの憲法っていつできたんでしたっけ？

おときた　いいところに気づいたね。終戦直後だから、70年くらい前かな。

レン　え、それって古くない？

おときた　そう、古い。だから、**憲法もときどきアップデートしなきゃいけない**んだ。ちなみに、戦前にも別の憲法があったんだけど、そこには平和主義は書かれていなくて、いまの憲法みたいに「戦争放棄《せんそうほうき》」は謳《うた》ってなかったんだよね。

トシキ　あ、だから戦争をしたのか！

おときた　うん。「ジャンプ三原則」で言うなら、昔の憲法は努力・友情・「バトル」だった、みたいな感じかな。そうすると、別の「ジャンプ」ができてしまうよね。つまり、憲法が

平和主義

戦争や武力の行使に反対し、また戦力の保有も否定する考え方。反対の言葉は戦争主義、あるいは武力主義だが、さすがにこれを憲法に掲げる戦闘国家は存在しない

国民主権

国の意思を決定する最高権力は国民にある、とする規定。だからと言って、「オレは主権者だぞ！」などと叫びながら街中で暴れると即座に捕まるので注意

違えば政治もまったく違ったものになる。

レン　**でも、なんで途中で憲法が変わったの?**

おときた　それは、日本が戦争に負けて、戦争に勝ったアメリカが提案したものをもとに憲法を作りなおしたからだ。でも、それがもはや時代に合わなくなってきているから、そろそろ憲法の見直しが必要と言われているんだね。

トシキ　**じゃあ、前みたいに憲法を変えちゃえばいいんじゃない?**

おときた　それがそう簡単でもなくて。なにせ、「ジャンプ」が「サンデー」になってしまうほどの一大事だから。憲法を変えるためには、衆議院《しゅうぎいん》・参議院《さんぎいん》の三分の二以上の承認と、国民投票による可決が必要、という風に憲法で決められている。これは、法律を変えるよりよっぽど難しい基準なんだ。

おときた塾の学び
⑪

政治家が法律を作るとき、憲法の三原則を守らなければならない。

憲法の見直し

諸外国ではわりと頻繁に見直しが行われるが、日本国憲法は誕生以来、一度も改正されたことがない。いわばバージンの乙女であり、そう思うと守りたくなる不思議

基本的人権の尊重

人が生まれながらにして所有する権利として、自由権、社会権、平等権などがある。これらを覚えたての小学生が、家庭内で無駄に権利を主張すると親に怒られる

「ジャンプ」と『ワンピース』で憲法と法律の関係がよくわかる

トシキ　憲法が法律をつくるときの原則なんだったら、法律をつくる政治家は憲法を全部覚えてるんですか？

おときた　もちろん覚えている……と言いたいところだけど、実際にはどうだろうな。野球のルールブックと一緒で、よく使う部分は覚えているけど、全部暗記しているわけじゃないって人が多いかもしれない。でもそういう人も、すぐに確認できるように持ち歩いていたりはするんじゃないかな。

レン　へえ、そうなのか。ちなみに憲法って、どこで読めるんですか？

おときた　ネットに全文掲載されているから、見ようと思えばいつでも見れるよ。

トシキ　もし政治家が憲法を破るとどうなるの？

おときた　そうだね、法律を破ったら「懲役◯◯年」とか決まっているけど、憲法を破って法律を作っても罰則はないんだ。だけど、「違《い》憲《けん》立《りっ》法《ぽう》審《しん》査《さ》権《けん》」と言って、裁判所がストップをかけられるようになっている。これを「三権分立」と言って、**司法・立法・行政がそれぞれを監視するシステム**だね。

違憲立法審査権

法律や行政行為が憲法に違反していないか審査する権限。これにより最高裁判所は「憲法の番人」という、いかにも小学生が喜びそうな二つ名（アダ名）を持つ

レン　サンケン……？

おときた　『ワンピース』で言うと、四皇《よんこう》と王下七武海《おうかしちぶかい》と海軍の関係みたいなものかな。王家七武海が暴走すると、海軍が止めにくる、みたいな。

レン　なるほどー！

トシキ　３つのどれが勝つとは限らないから、３つがちょうどいいバランスで成り立ってるってことか。

おときた　その通り。「司法」機関である裁判所は、「立法」機関である国会が暴走しないように見張っている、というわけだ。だから、**政治家が憲法を無視した法律を作ろうものなら、最高裁判所が違憲判決を出して、その法律を無効にしてしまえる**ってこと。

トシキ　うまいことできてるものだなあ。

おときた　ふふふ。どうやらふたりとも、憲法と法律の関係は、「ジャンプ」と『ワンピース』でかなり理解できたようだね。

レン　これできっと、「ジャンプ」を見るたびに憲法を思い出すな……。毎週月曜日になったら、「あ、憲法の発売日だ！」みたいな。

トシキ　『ワンピース』で新しい悪魔の実が出てくる度に、「あー、新しい法律だー」って。

おときた　だから、その法律を作る作者＝政治家を選ぶ選挙は、すごく大事なんだ。も

四皇と王下七武海と海軍

『ワンピース』の世界では、この三大勢力がバランスを取って世界の均衡が保たれているとされる。が、誰がどう見ても七武海が圧倒的に弱いことがツッコミのタネ

し尾《お》田《だ》栄《えい》一《いち》郎《ろう》じゃなくて少女マンガの漫画家が選ばれると、来週から『ワンピース』はバトルの一切ない恋愛ストーリーになるかもしれないよ。

トシキ・レン **そんなの、『ワンピース』じゃない!!**

おときた でしょう。だから、『ワンピース』がめちゃくちゃになってしまわないためにも、選挙に行っていい政治家を選んでおきたいよね。

おときた塾の学び ⑫

政治家が憲法を破って法律を作ると、三権分立にのっとって裁判所が法律を無効にしてしまうことができる。

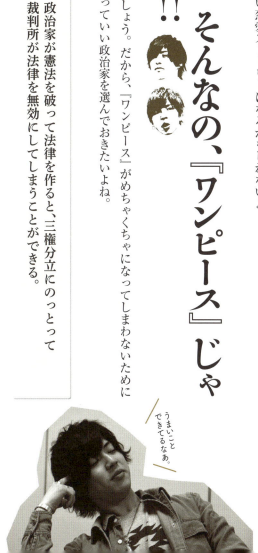

COLUMN 3

三権分立の中で、「最強」はどれだ!?

授業の中で、司法が国会を牽制《けんせい》していることを学んでもらったけど、もうひとつの「行政」はなにをしているのだろう。

行政のトップはみなさんご存知の内閣総理大臣だから、国会がおかしな動きをすれば、総理大臣の権限で衆議院を解散させることができる。一方で国会は、その内閣総理大臣を選んだり、不信任案を提出できる権利を持つことで行政に対抗している。

このように、三者三様の役割を持つ三権分立だけど、『ワンピース』の世界で四皇・海軍・王下七武海のパワーバランスが均等ではないように、やっぱり**現実の三権分立もアンバランスなものになっている**んだ。たとえば違憲立法審査は、「国の統治行為《とうちこうい》に関わる重要事項」に関しては判断できず、国会の決定に委ねるものとされている（統治行為論といいます）。

で、結論からいうと、**国会が四皇にあたる最強の機関**だ。憲法にも、「国会は国権の最高機関」と書かれてある。でもこれ、どうしてだろう？

行政の大半を構成する官僚も、司法を支える裁判官も、試験に合格すればなることができる。でも**国会議員は、「選挙」で選ばれなければなることができない**からだ。民主主義のプロセスで「選ばれた」国会こそが、民主主義社会の中では一番強いわけだね。

だけどほかの2つも決して無意味ではなく、それぞれの立場からお互いを牽制しあっている。これは非常に重要なことなので、ぜひ覚えておいてほしい。

④
限目

政党・議会

政党政治は海賊団のチーム戦である

民主主義が生み出した「政党」と二院制のこれから

政治家というのはほんとうによくケンカする生き物だけど、多くの場合「つるんで」ケンカしているのを疑問に思ったことはないかな。その理由を考えてみると、実は政党が日本の民主主義を支える大切な存在のひとつだってことがよくわかる。

政党は『ワンピース』の海賊団！ 自民党はあの……？

おときた　えー、現在の総理大臣が所属している政党はなに党ですか、という問題を……。

トシキ・レン　おっ。

おときた　レンくんが見事に間違っております！

レン　えー！　違うんですか？

おときた　トシキくんは正解だね。自民党。

トシキ　迷ったんですよね、二択で。

レン　近所でよく選挙のポスター見るから、民主党であってると思ったんだけどなあ。

おときた　惜しかったね。でも選挙のポスターを見たっていうのはいい指摘で、**選挙っていうのは、個人を選ぶだけじゃなくて、政党を支持するという側面もあるんだ。**じゃあ、そもそも政党ってなんだろう？

トシキ　野球のチームみたいな？

レン　同じような考え方の人の集まり！

おときた　大体あってます。じゃあ、なんで同じような考え方の人が集まらなきゃいけ

自民党（自由民主党）

戦後の日本において、ほとんどの期間の政権を担ってきた最強の政党。厳格な党運営と規律に定評がある一方、ときに杉村太蔵のような人材を輩出するオチャメさをもつ

民主党

2009年から約3年間、政権を担っていた政党。その知名度たるやギャル男も全員知っているほどだったのに、最近党名を変更してしまった（実にもったいない）

ないんだろう？　ヒントは、民主主義だね。

トシキ　みんなの意見を聞いて……なんだっけ。

レン　多数決だ！

おときた　そう、民主主義は多数決で決まるから、仲間を多く集めて「数」を増やさなければ政策を実現することができないんだ。だから同じような考え方の人を集めて、政党というグループを作る。それが議会で過半数をとったらその政党を与党、それ以外を野党と呼んで……。

トシキ・レン　（退屈そうに爪をいじり始める）

おときた　ちょっと難しかったか（苦笑）。それじゃ、本書恒例の「たとえ」で説明するとしよう。政党は、そうだな……『ワンピース』の〝海賊団〟だと考えてみたらどうだろう。

レン　また出ました『ワンピース』！　オレ昨日「ジャンプ」買って読みました！

トシキ　お、読んだんだ。オレ、昔読んでたけど、途中で脱落しちゃったんだよな。ルフィっていまどこでなにしてるの？

おときた　その話はあとにしてくれ〜！

それでみんな集まるんだ！

おときた塾の学び⑬

政党は、民主主義で政策を実現するために、政治家が集まって多数決を有利にする「仲間」のこと。

連立政権は「白ひげと麦わらの同盟」!?海賊王になるには

おときた　『ワンピース』には「麦わらの一味」とか「白ひげ海賊団」とか、海賊団がいくつかあるよね？　それぞれ、自分の海賊団のお頭を海賊王にしようとして、海賊団同士が戦ったりする。

トシキ　とすると、政治家もバトルしてるから仲間の数を増やしたいってこと？

おときた　まあ、現実の世界では国会で話し合い、だけどね。ちなみに、海賊同士で同盟を組むことがあるように、**政治家も政党と政党で同盟を組んで、数で勝負することがある。**そうやって過半数、つまり半分以上の議席をとったら与党、それ以外が野党になるんだけど……与党って漢字で書ける？

レン　与える党？

おときた おっ、いいね！
レン 馬鹿なフリするのってホント疲れるわー。
トシキ 嘘つけ！
おときた この「与」っていう漢字は「あずかる」とも読みます。つまり、**過半数だから多数決で法律を決めることができて、実質的に権力に与《あずか》っているから与党、**というわけだ。
トシキ おお、なるほど！ それじゃ、過半数じゃない野党は権力に与っていないってわけ？
おときた その通り。ただし、ひとつひとつの海賊団が過半数に届かなくても、同盟を組めば過半数をとれる。いわゆる連立政権というヤツだね。
レン それって実際にあるんですか？
おときた いまの与党がそうだね。自民党と公明党がタッグを組んでいる。昔は自民党は単独で過半数だったんだけど、だんだんそれが難しくなってきていて、いまじゃ公明党との連立は必須だね。白ひげの力が衰えてきてルフィと一緒に戦う、みたいなものかな。
レン あれ、名場面だよね～。
おときた 逆に、同盟が組めずにどこも過半数をとれなくなると、なにも決められなくなる。どれだけ白ひげが強くても、ほかの四皇が手を組んでフルボッコにされたら負けて

白ひげ
大海賊時代の頂点に君臨する、最強の海賊。部下たちからは「オヤジ」と呼ばれるほど絶大な人望を集めており、一番政治家に向いている海賊かもしれない

連立政権
複数の政党が協力体制を組み、政権を担うこと。いまや熟年カップルのような自民党と公明党だが、昔は仲が悪いことで有名だった。みんなも諦めるな！（なにを？）

しまう。

トシキ　それは白ひげがかわいそう……。でも、そんなことってあるんですか？

おときた　あるよ。だから、**最大勢力の政党は、常に過半数を上回れるようにほかの勢力と同盟を組んで、与党の座を維持しようとする**ってわけ。

トシキ　もし誰も組んでくれなくて過半数とれなかったらどうするの？

おときた　そういうときは解散して、もう一度選挙をする。

レン　カイサンソウセンキョ！　聞いたことある！

おときた塾の学び ⑭

過半数をとって権力に与っているのが与党。
単独で過半数をとれない場合は、ほかの勢力と同盟を組む。

四皇
ワンピース界で皇帝のように存在する４人の海賊の総称。いわゆる四天王的存在で、少年漫画におけるツボを押さえまくった設定だが、80巻まで結局ひとりも減ってない

政治には2つの海がある！
日本に衆議院と参議院がある理由

おときた　実は、与党と言っても2箇所に存在するんだ。

トシキ・レン　??　白ひげは1つじゃないの？

おときた　1つじゃない。**衆議院と参議院、それぞれに与党と野党がある。**『ワンピース』で言えば、イーストブルーとウエストブルーのそれぞれに最大勢力の海賊団がいる、みたいなものかな。

レン　でもなんで2つも必要なの？

おときた　そうだね、『ワンピース』の場合、それぞれの海でどの海賊団が強いかというバトルが繰り広げられているわけだけど、ある海賊団がどっちかで一回だけ勝ったとしても、本当に強いかどうかはわからないよね？

レン　うん、能力者との相性とかもあるし。

おときた　そう、だから海賊団のメンバーを変更してまたバトルする。そうやって、それぞれの海でどちらの海賊が強いかを決めるのが、二院制と呼ばれる日本のシステムなんだ。

2回連続で勝つ海賊団があれば、これはもうほんとうに強

なんで2つも必要なの？

いということで、彼らの意思決定が通ることになるわけだ。

トシキ へえー！　じゃあ、いまはどこが強いの？

おときた いまはどちらの海でも強いのが自民党と公明党の連立政権だ。最盛期の白ひげ海賊団みたいなものだね。

レン もし、東と西で勝った方が違ってしまった場合は、誰が強いことになるんだろう??

おときた いい質問だ。ここで、衆議院と参議院の成り立ちを説明しよう。『ワンピース』には貴族がいるんだけど……。

レン 天竜人《てんりゅうびと》だ！

おときた 実は、日本にも貴族がいたんだ。華族《かぞく》って呼ばれていたんだけど。

トシキ・レン えーっ！　知らなかった！

おときた 貴族は庶民とは価値観が違うから、貴族は貴族院、庶民は衆議院というところで集まって話し合いをしていた。

レン たしかに、考え方が違いそう。

おときた 実際、**違った視点で議論して、一定の歯止めや修正をかけることが貴族院の大きな役割だった**んだ。ただ、国民の圧倒的大多数は貴族ではなくて庶民だよね。だから、結論が異なった場合は、原則として庶民が

貴族院

戦前は大衆や衆議院が戦争に突き進む中、最後まで反対し存在感を示した。なお英国にはこの名称で現存し、英語だと「ハウスオブローズ」。か、カッコイイ！

二院制

先進国のほとんどがこの二院制を採用している。日本の場合、両院合計で717名の国会議員がいるため、EXILEの30倍以上いる人たちを全員覚えられるはずもない

決めたことが優先されるようになっていた。

トシキ　そこはオレたちを優先してくれるのか！　よかった〜。

おときた　そして貴族制度が廃止されると、貴族院は参議院になった。だから、いまでもそのまま**権力は庶民の代表である衆議院の方が強い**ことになっている。

レン　でも、もう貴族じゃないのに、参議院って意味あるの？

おときた　そう、まさにそこがいま議論されている。しかも、衆議院と参議院で最大勢力が異なる場合なんかは最悪で、違った結論が出るから物事がなかなか前に進まなくて、決定するのにとにかく時間がかかりまくる。こうした欠点が多いことから、**二院制はやめて衆議院だけにしよう！という意見も根強く言われているよ。**

トシキ　へー、参議院、なくなっちゃうかもしれないのか……。

おときた　そうだね。僕も実は、いまの形の参議院なら「要らない派」なんだけど。

レン　ひとつにした方がわかりやすいよー、絶対。

衆議院
大衆の「衆」を取ってこの名称が付けられた。とはいえ当時は多額の納税が必要な制限選挙で、現在も議員は二世三世やタレントばかり。大衆はどこへ？

おときた塾の学び
⑮

日本には衆議院と参議院の2つの議会があり、違った視点で議論ができることがメリットだったが、時代が変わったことであまり意味をなさなくなった。

「自称ミュージシャン」のように誰でも政治家になれる？

おときた　これでふたりも、与党と野党の違いが説明できるようになったかな。与党はなにを持っているんだっけ？

トシキ　権力！

おときた　ピンポーン。で、政党というのは同じ考え方を持つ海賊団で、バトルに勝つために数を増やしたり同盟を組んだりするんだったね。

トシキ　チーム戦なんですね。

おときた　まさにそう。**有権者にとっては、好きなチーム＝政党さ**

え決めれば、個別に人＝政治家を選ばなくていい、というメリットもある。

レン ファンになる、みたいなこと？

おときた 白ひげ海賊団の考え方が好きだから、個々のメンバーの考え方を把握していなくても、海賊団自体に投票すればＯＫ、ということだね。

レン おお、それなら投票しやすい！

トシキ じゃあ、もし政党がなかったらどうなるんだろう？ オレは別になくってもいいんじゃないかなって気がするんだけど。

おときた そもそも多数決ができないだろうね。それぞれの海賊が個人でバトルしちゃうと収拾がつかないように、ある程度は海賊のお頭がコントロールしないと、ものごとって決められないいんだ。法律をつくるときも、過半数が賛成するようにうまくつくれればいいけど、そうなるまでには膨大な時間をかけて国会で議論しなきゃいけなくなって、なにも決まらなくなってしまう。

レン たしかに、白ひげが一発「こうするんだァ!!!」って言ってくれたら、話が早そう。

おときた そうだね（笑）。実際、党の方針にしたがわなきゃいけないっていうルールがあって、それを党議拘束《とうぎこうそく》と言うんだけど、これには賛否両論あるんだ。小沢一郎という人が作った「国民の生活が第一」っていう政党は、党議拘束を設けないって宣言して話題に

党議拘束

議会採決の際に、党員に同じ投票行動を求めること。これに逆らうと「造反者《ぞうはんしゃ》」という物騒なレッテルを貼られ、選挙ではときに刺客が差し向けられる。政界、怖っ！

なったこともある。

レン　「国民の生活が第一」かぁ。それにしても、政党の名前ってダサくないですか？

おときた　そうかもしれないね……。特に決まりとかはないからなぁ。

トシキ　政党の数っていくつあるんですか？

おときた　いまは、目ぼしいところで8個くらいかな。とはいえ政党の定義って難しくて、実は**申請さえすれば誰でも政党は作れる**んだよ。インディーズバンドみたいなもので。

トシキ　すると、自民党とか民主党はメジャーバンド？

おときた　そういうこと。もう一つ言うと、**政治家になるのも、宣言さえすれば誰にでもなれる。**ミュージシャンと一緒で、自分がミュージシャンと言えば誰でもミュージシャンになれるよね。

トシキ・レン　なるほどー！

おときた　選挙も、ある年齢以上になれば誰でも出られるよ。最近は有名人が選挙に出ることもよくあるよね。

レン　元スポーツ選手とか、アイドルとか？

トシキ　あれ、なんで急に政治家になるんだろうって、ずっと不思議に思ってた。

おときた　票がほしい政党からすれば、そういうタレントってすごく都合のいい「集票マ

（選挙に出られるのは）ある年齢以上

衆議院は25歳、参議院は30歳になれば出馬できる。ただし、供託金《きょうたくきん》と呼ばれるお金が必要で、これが300万とべらぼうに高い！悲しいけど、選挙ってお金なのよね

シーン」になるからね。タレント側も、現役を引退したあとにそのまま知名度を生かして仕事になるわけだから、ちょうどいいんじゃないかな。

トシキ そういうことだったのか……！　なんか、残念なやりかただなあ。

レン でも、そういう人たちって政治、できるんですか？

おときた うーん、どうだろう。わかってない人のほうが多いかもね。売れたいバンドが音楽できないタレントをフィーチャリングするようなものかな。

トシキ あるある！　そういうときって、わざとらしく超簡単な楽器持たせるよね……へーイ、タンバリン！

レン ウェーイ！　ウェーイ！（タンバリンを叩くフリ）

おときた だから、選挙に出ている人のなかにはしっかりと考えを持っている候補者もいれば、数合わせの候補者もいる。まあ、**顔を知っているという理由だけで投票しちゃいけない**ってことだね。

レン じゃあオレも有名になって、政治家になろう！

トシキ 話、聞いてた？

おときた塾の学び ⑯

誰でも政治家になれるし、誰でも政党は作れる。
その分、僕らは候補者を見極めて投票する必要がある。

COLUMN 4

内閣総理大臣と大統領の違いって??

日本のトップである内閣総理大臣（首相とも言う）は、権力に与る与党の中から選出されている。では問題、われわれは総理大臣を直接選べるでしょうか？

答えはNO。アメリカなんかだと、一番偉いのは大統領で、国民がそれを直接的に選べるから、ずいぶんと選挙は盛り上がっているように見える。なのにどうして僕たちは、自分たちのトップを選ぶことができないんだろう？

これは日本が**「議院内閣制」**をとっているからだ。国会議員たちが多数決で内閣総理大臣を決めるこの制度では、常に与党から総理大臣が選出される。すると、**総理大臣がやろうとしたことには、議会で最大多数の与党が賛成するから、スムーズに通すことができる。**おもにこうした理由で、日本は議院内閣制を採っているんだね。

一方のアメリカ型の大統領制だと、大統領は国民に直接的に選ばれて絶大な人望と権力を手にする反面、議会の多数派である与党が反対の立場ということもありえる。そうなると、**大統領が提出する政策が議会で否決され続けて、前に進まなくなってしまう**こともあるかもしれない。議院内閣制は、この欠点を回避できると言われているんだ。

ただ、トップを自分たちで選べないことで、政治参加への意欲が失われるなどの欠点も指摘されている。勝手に決まった総理大臣が、コロコロ交代するしね……。そこで日本でも、なんらかの形で国民が首相の選定にかかわる**「首相公選制」**が議論されたりしているよ。

●26ページの答え……〈第1問〉多数決〈第2問〉法律〈第3問〉自民党（自由民主党）

レン「誰でも政治家になれるんだったらオレ、25 になったら選挙出ちゃうかもよ？」

第二部

実際、政治ってどうなってるの？

制度や概念ばかりを学んでも、政治のことはなかなかわからない。実際に僕らの身の回りには、こんなにも「政治」があふれている。日ごろの生活やお金に関することから、ひとつずつ政治を考えてみよう。

いまの政治がよくわかる!

政治のモンダイ BIG3

ISSUE 1 --> P.094

MONEY

僕らのお金について

ISSUE 2 --> P.140

JAPAN

僕らのこの国について

ISSUE 3 --> P.190

LIFE

僕らの生活について

第二部

実際、政治ってどうなってるの?

ISSUE 1

僕らのお金について

MONEY

この世の中はお金の話ばかりだ。国家予算に税金、年金に保険料……。なにも知らなければ、激しく損をしていることにすら気づかない。騙されないためにも、お金にまつわる知識をおもしろおかしく学んでいこう。

お金持ちと貧乏人に
分かれてるのは不公平
じゃない?

僕らは将来
ホントに年金
もらえるの?

なんで税金って
上げる必要が
あるの?

時間割

PART 2

知らないとヤバい！

政治の問題

まずはウォームアップ。次の３つの問題を解きながら、今回の講義でとりあげる内容について考えてみよう。

〈第１問〉

「世界の多くの国々で採用されている、お金の動きを社会の基本原理として、ひとりひとりがその能力を駆使してお金を稼ぐことに委ねられているような経済のあり方を、（　　　　）主義という。」

この空欄に入る言葉を答えて下さい。

〈第２問〉

国民の三大義務といえば、「教育」「勤労」と、もうひとつはなんですか。

〈第３問〉

日本の政府が民間から借りている「政府の借金」は、2016年現在いくらぐらいあるでしょうか。

621はオレの誕生日なんで、よろしくっす！ あと漢字間違っててもご愛嬌ってことでお願いします！

ひっちの解答

〈解答1〉

限実

〈解答2〉

生活

〈解答3〉

6兆21億

トキトの解答

〈解答1〉

しほん

〈解答2〉

のうぜい

〈解答3〉

2兆

ヤバい、漢字が全然わからん……学校で習ったはずやのに。きっともう脳みそが溶け出してるんや！

正解は138ページ

トキト「しほん、しほん……アカンこれ、漢字もう書けへんくなっとるわー！」

⑤
限目

資本主義

モテれば天国、モテなきゃ地獄の資本主義

格差が拡大する資本主義社会で自由と平等のバランスをとるには

学校の授業で「自由と平等が大事」って習ったと思う。でも現実にはお金持ちと貧乏人がいて、ちっとも平等なんかじゃない。どうして格差が生まれるのか、自由と平等はどちらが大事なのか。この問題、実は恋愛で考えるとよくわかる……って言ったら、学校の先生に怒られそうだけど。

「資本主義は自由」「社会主義は平等」どっちも大事に見えるけど……？

おときた　ふたりとも、お金は好きですか？

ひっち・トキト　大好き！

おときた　じゃあ、ふたりはお金持ち？

トキト　全然持ってへん。

ひっち　ほしいっす！

おときた　でも、一方で年収数億という人たちもいるわけだよね。なぜ、お金持ちと貧乏がいるんだろうか？　どうしてこの差がついてしまうんだろう。

ひっち　いやホント、マジ不公平だよね〜！

トキト　結局、能力やないすか？

おときた　生産能力という意味ではそうだね。いまの日本は頑張ってお金を稼いだ人はお金持ちになって、頑張らなかった人はお金を稼げない、というシステムなんだけど……。

ひっち　オレ、頑張ってるつもりなのに！（涙）

トキト　ひっち、つもりじゃアカンねん、つもりじゃ。

おときた　厳しいなあ（笑）。ちなみに、こういう社会のシステムをなんて言う？

ひっち　現実主義？

おときた　違います。たしかに現実は甘くないけど。

トキト　資本主義！

おときた　はい、正解！

ひっち　トキト、すごい！

トキト　いやー、まあまあ、そんな。

おときた　照れるな（笑）。さて、じゃあ資本主義について、ふたりはどう思う？　稼げる人が稼げるだけ稼いで、そうじゃない人は稼げない、っていう。

トキト　いやあ、そういうモンでしょ。

ひっち　悲しいけど、受けいれるしかないっていうかね……。

おときた　うん、当たり前だと思うだろうけどそうじゃない主義もあるんだね。なにかな？

ひっち　現実主義？

おときた　違うってば！

トキト　非・資本主義！

おときた　頭よさそうだけど、違う！　答えは社会主義だね。

トキト　**なにそれ、聞いてもパッとわからへんわ。**

おときた　こっちの主義はどんな主義かっていうとね、お金を稼いでも貯金ができない、というシステムなんだ。

ひっち　**えーっ！　せっかく稼いだのに⁉**

トキト　**じゃあ、誰のモノになるんすか？**

おときた　社会のもの。で、それを平等に分配する、と。

ひっち　**それのなにがいいんすか？　頑張って稼いでも自分のものにならないなんて。**

おときた　このシステムであれば、お金持ちも貧乏人も、ひとりたりともつくらないんだ。つまり、ひっちくんがさっき言ってたような不公平な社会ではなくなるね。

ひっち　**まあたしかに、不公平なのは嫌だな……。**

おときた　ここまでをまとめると、資本主義は「自由」。お金を稼ぐのも稼がないのも自由なので、お金持ちと貧乏人が生まれてしまう、と。

ひっち　**オレはやっぱり、稼げるだけ稼いでお金持ちになりたい！**

おときた　一方、**社会主義は平等。**イケメンだからモデルでめっちゃ稼ぐとか、頭がいいから医者として高給取りになるとか、そういうのもナシ。レジ打ちも工事現場も同じ給料だ。

おときた塾の学び ⑰

お金を稼ぐ自由が与えられているのが資本主義。
みんなが稼いだお金を平等に分配するのが社会主義。

資本主義は自由恋愛！
モテれば天国、モテなきゃ地獄!?

トキト　なんかでもやっぱりピンと来おへんなあ。なんで社会主義なんか考えるヤツおんのやろ？

おときた　じゃあ、これが恋愛だったらどうだろう。

ひっち　どういうこと!?

おときた　ふっふっふっ。**資本主義はね、自由恋愛市場なんです。**

トキト　自由に恋愛していいってこと？

おときた そう、モテるためにオシャレをしてカッコよくなる、楽器を練習してバンドマンになる。そうやって頑張って、自由に彼女を見つける。

ひっち やっぱり、バンドマンってモテるの!?

トキト いや、人によるでしょ。

おときた この場合、彼女はそれぞれが自由に見つけることになる。道徳的にはダメだけど、同時に何股かけても捕まることはないね。

ひっち それって、頑張らなかったらどうなるの?

おときた 頑張らなければ、モテない。ちなみに僕は、頑張ったけどモテなかった……ボソッ。

トキト まあ、自業自得やね。モテは一日にしてならず、でしょ。

ひっち じゃあ、社会主義はどうなの?

おときた **社会主義はお見合いだね。** 社会によりあらかじめ許嫁《いいなずけ》が決まっていて、ほかの女の子と恋愛することは禁止されている。

トキト それ、なんかイヤやな。彼女くらい自分で見つけさせてくれよって思う。

おときた でも、頑張らなくても彼女ができるんだよ? 何股もできる男はいないけど、みんな彼女はできる。

ひっち 平等ってことか。

日本も社会主義にしようっていう運動

日本では1960年代、共産主義に影響された学生運動がピークを迎えた。このときに学生だった人々は団塊の世代と呼ばれ、彼らが日本をダメにし……おっと、誰か来たようだ

おときた　そう、どちらにもメリット・デメリットがある。ちなみに、みんなのおじいちゃんくらいの時代は、日本も社会主義にしようっていう運動が盛んだったんだ。自由恋愛じゃなくて、お見合いがいいっていう人が多かったんだね。

ひっち　えっ、オレのおじいちゃん、モテなかったの⁉

トキト　**でも、ひっちが生まれてるから、奥さんはいたんやない？**

ひっち　そっか、よかった……。

おときた　じゃあ、ふたりはどっちがいい？

ひっち　**資本主義っす！**

トキト　**オレも断然そっちやなあ。社会主義やと、モチベーション上がらへん。**

おときた　そうだね、頑張らなくてもよくなると、人間は頑張らなくなる生き物だ。あとは、お見合いシステムには運用する係が必要で、それも問題のひとつ。もしもトキトくんが、女の子の管理を任せられたら、どうする？

トキト　**全員自分のモノにする！**

おときた　迷いがなさすぎる（笑）。そう、自分用の美女のハーレムを作って、好みじゃない女性だけを市民に、なんてこともあるかもしれない。

ひっち　**そんなの、よくないっすよ！**

おときた　同様に、お金や資産を一回集めて、リーダーが配り直すシステムを作ろうとす

オレは断然自由恋愛だな。

実際に社会主義になった国

北朝鮮やロシア、カンボジアなどが有名。いずれの国も金正日《キムジョンイル》やスターリン、ポル・ポトなど歴史に名を残す独裁者を輩出した。「平等」とはなにかを深く考えざるを得ない

るとこうなるんだ。**実際に社会主義になった国**では、**一部の権力者による腐敗《ふはい》が起こりまくった。**

トキト 人間の闇や……。

おときた あとは、集配システムにもコストがかかる。たとえば、北海道の女の子を一回東京に集めて沖縄に送るのは非効率だよね。

ひっち 自由恋愛であれば、地元で恋愛すればいいもんな。

おときた そう、こうして、**かえって全員が貧しくなってしまった**んだ。

トキト 皮肉なもんやなあ。

おときた 平等を目指すという理想は一見素晴らしかったんだけど、「人間は人間の力で平等な社会を作るのは不可能だ」と歴史が証明してしまったってことだね。

ひっち 社会って、難しいな……。

おときた塾の学び 18

平等を目指した社会主義は、権力の腐敗が起こったり、モチベーションが下がったりして、失敗に終わった。

このままだと「イケメン狩り」に？ 自由と平等のバランスとは

ひっち じゃあ、やっぱり資本主義がいいってことじゃない？

おときた ところが、こっちにも欠点はある。イケメンにばっかり女の子が集中して、ずっと彼女が出来ない人がいると、どうなると思う？

トキト 不満がたまる？

おときた そう、イケメン狩りや、非イケメン革命が起きてしまうかもしれない。

ひっち ひえー、怖！

トキト ひっち、自分がイケメン側だと思ってるやろ？（笑）

格差
資本主義で生まれるのは所得格差だが、そのほかにも世代間格差や性差など、様々な不平等がある。イケメンや美女に生まれた瞬間に「大勝利」するのも格差のひとつ

お金持ちほど税金を高くする
累進《るいしん》課税と言い、日本では最高で45％も所得から税金を取られる。これをしてダウンタウンの松本人志は「片キンタマをもぎ取られる」と評したが、言い得て妙である

おときた　だから、どんなイケメンでも彼女は5人までにするとか、ずっと彼女がいなかったら女の子を紹介するとか、そういうシステムを作ってガス抜きする必要がある。

トキト　**現実世界やと、どんなことするの?**

おときた　たとえば、お金持ちほど税金を高くする。なぜかというと、貧乏な人にお金を再分配できるから。お金持ちから集めた分で、高齢者や低所得者の病院の受診料とかを安くするわけだね。

ひっち　**社会主義っぽくするってこと?**

おときた　うん、資本主義は自由で、競争ができるけど格差が広がってしまう。一方、すべて平等を目指そうとすると、社会が腐敗する、あるいは国民が怠惰《たいだ》になる。

トキト　どうすればええんやろ……。

おときた　**自由と平等を、どうバランスをとるか考えるのが、政治の仕事**だね。

ひっち　ちなみに社会主義だと、お給料ってどう決まるんすか?

おときた　社会主義を突き詰めると、正社員やアルバイト、経営者や雇用者《こようしゃ》という概念はなくなって、同じ職場で同じような仕事をしていればだいたい同じ給料だね。

トキト　**もし給料分以上稼いだら?**

おときた　その分は没収です。

アベノミクス

安倍首相の経済政策のこと。「財政出動」「金融緩和」「成長戦略」という「3本の矢」で長期にわたるデフレ（物価の下落）から抜け出し、経済回復を目指すというもの

日本はかつては社会主義的な施策が手厚かった

護送船団《ごそうせんだん》方式と呼ばれ、一番デキない人を基準に進む方法を採用していた。全員がのび太に合わせるようなものだから、出木杉くんは発狂。バブル崩壊で終焉《しゅうえん》を迎えた

ひっち それじゃあ、みんな頑張らないっすよ！

おときた そうだね。ちなみに、日本はかつては社会主義的な施策が手厚かったんだけど、いまはそうでもないかな。アベノミクスって、聞いたことある？

ひっち・トキト 聞いたことあります！

おときた 聞いたことしかないだろ！（笑）。**アベノミクスっていうのは、モテるヤツが頑張ってモテるだけモテてくれ、っていう政策なんだ。**

ひっち へえ、そうなの⁉

おときた その代わり、モテるヤツには「モテないヤツらにも、女の子を分けてあげてね」ってお願いしているイメージ。だから、モテるヤツはもっとモテるために、規制を緩和してほしがっている。「10人20人まで彼女つくってOKにしてくれたら、海外から女の子を連れて来てでもモテてやる！」って言ってるわけだ。

トキト すごい自信や……！

おときた 一方、モテないヤツはそんなことされたら「もっとモテなくなる」と警戒している。モテるヤツから女の子を分けてもらえる保証もないし。これはシャンパンタワーにもたとえられるね。

ひっち シャンパンタワー？

シャンパンタワーにもたとえられる

専門用語で「トリクルダウン」という。液体が下まで流れないほかにも、途中でタワーが崩壊するリスクもあり、実施にはナンバーワンホスト並の緊張感が求められる

海外から女の子を連れて来てでも

アベノミクスは円安誘導や規制緩和により、世界を股にかけるグローバル企業の優遇施策を採っている。股にかけてはいるが、実際に女の子を連れてくるわけではない

おときた　グラスをたくさん積み上げて、上からシャンパンを流す余興《よきょう》だね。
トキト　なるほど、上のグラスがモテるヤツか。
ひっち　下のグラスはそのおこぼれをもらう、と。
トキト　でも、結局いま、景気っていいの？
おときた　いい感じはあんまりしないでしょう？
ひっち　うん、たしかに。
おときた　安倍首相は、「まだシャンパンを注ぐ量が足りない。あと3年やらせてくれ」と言ってるんだよね。
トキト　ああ、シャンパンを増やしたら、行き渡るかもしれへんってことか。
おときた　そう。その一方で、「もう失敗だ、代われ！」って言っているのが反対派。こういうのが選挙の争点になるんだね。
トキト　オレは、頑張って上のグラスになればいいと思うんやけどなあ。
ひっち　彼女つくりたいなら、自分からどんどん声をかければいいでしょ！
おときた　そう。若い世代とあとイケメンはこういう感想が多いよね。でもそれは、競争ができるからなんだ。歳をとってからも、あるいはイケメンじゃなくても、そういう競争したい？
ひっち　それはしんどい、かも……。

お年寄りの世代のために自分たちの頑張りが犠牲になる

人間に限らず、多くの動物も高齢になると挑戦や競争を嫌う傾向を示す。自然界では若い個体の影響力が強いけれど、少子高齢化が進み、多数決で決める日本だと……？

トキト　でも、**お年寄りの世代のために自分たちの頑張りが犠牲になる**って、なんか違わへんかなあ？

おときた　うんうん。こうやって、**当たり前だと思っているシステムについて、どんどん話し合っていこう。**これこそが政治参加なんだ。

おときた塾の学び 19

資本主義と社会主義、どちらにも欠点があるから、話し合いで自由と平等のバランスをとることが必要。

COLUMN 5

社会主義と共産主義はどう違う?

「資本主義の反対は、共産主義って習ったんだけど……?」という人がいるかもしれない。それも間違いではないし、日本には実際に日本共産党なんて政党がある。じゃあ、社会主義と共産主義はなにが違うんだろうか?

ざっくりいうと、共産主義は広義の意味での社会主義の一種だ。そして**共産主義は、社会主義の中でもっとも急進的・先鋭的なもの**と言われている。

どういうことかというと、社会主義はお見合い社会で、美女もそうでない女子もいるけれど、それが平等にローテーションで回ってくると説明したよね。これが共産主義社会では、女性をローテーションしているうちに、**もはや美醜《びしゅう》という概念はなくなり、すべての女性は単に女性というだけで平等に統一される**と考えるんだ。こうなれば、美女を求めて争いが起こることも一切なくなる。

……なにを言ってるかわからないかもしれないが、現実社会で考えると、社会主義的に貧富の差を解消していくうちにその状態が固定化されて、意識レベルでも「お金持ち？　それってなんでしたっけ？」という完全平等社会が達成される。そして、調整機能の役割を担っていた政府の存在すら、必要がなくなった状態といえる。社会主義は、この理想形にいたるまでの過程に過ぎないというわけだ。

でも現実に共産主義社会を目指した国家は例外なく、独裁者を生み出して多くの死者と貧困を発生させて失敗に終わった。世界でも、共産主義はすっかり社会主義の主流ではなくなっているよ。

⑥
限目

財政

のび太が作った世界最大の「借金地獄」

国の借金とともに増え続ける将来世代の負担とどう向き合うか

日本が世界一の借金大国だってことは、知っているだろうか。そしてその返済義務が、君たち若い世代にのしかかっているということを。ここではその原因を、あの「国民的ダメ人間」を例に考えていこう。怒りとともに、君たちがやるべきことがわかってくるはずだ。

日本の収入は毎年55兆円、でも支出は90兆円……計算が合わない!?

おときた　さて問題、日本には借金はどれくらいあるでしょう？

トキト　2兆円！

ひっち　6兆円！

おときた　……根拠は？

ひっち・トキト　適当です！

おときた　やっぱり……（笑）。正解は**800兆円**だね。

ひっち・トキト　えー！　マジで!?

おときた　ちなみに、地方もあわせると1000兆円。

ひっち　うわあ……。

トキト　それ、誰に借りてるの？

おときた　いい質問だ。そのまえに、みんなから税金として集めている、日本の収入っていくらだと思う？

ひっち　ぜんぜんわかんない。

地方もあわせると

地方自治体も「地方債」を発行して借金ができる。北海道夕張市は日本初の財政破綻都市になり、燃えるゴミすら焼却できずゴミ集積場にはカラスが飛び交っている……

トキト　100兆円くらい？

おときた　やや惜しい。実際には55兆円くらいだね。

ひっち　待って、でも借金は国だけで800兆円あるんでしょう……？

おときた　しかも、毎年90兆円ずつ使っているから、新たに毎年35兆円ずつ借金している。このままだとどうなる？

トキト　**ヤバい、終わる……。**

おときた　うん、そもそも僕のお父さんのころは200兆円で、それでもヤバい、ヤバいって言われていたんだけど。

ひっち　**そんなにギリギリだったのか、日本。**

おときた　さっきの質問の答えだけど、そのお金は国債を発行して賄《まかな》っている。国債はおもに国内の銀行が買っているものだから、ようするに**国民からお金を借りている**ということだね。

トキト　ん？　お金はないのにどうやって借りられるの？

国債

国が借金をするときに発行する借用書のこと。「どんなに困っても、安易に借金だけはするな」と習った人は多いと思うが、そもそも国が借金まみれというこの矛盾

おときた　じゃあ、キミたちが20万円の服を買いたいとする。でも手持ちのお金では買えない。どうする？

ひっち　えー、カードかな。

おときた　そうなるだろうね。じゃあ、そのお金を返すのは誰？

トキト　もちろん、自分！

おときた　そう、自分で返すから、生きている限りで返せるだけの上限金額が決まっているわけだ。でももし、自分に寿命がなかったらどう？　ずっと働き続けられるとしたら。

ひっち　えっ……いっぱい借りちゃうかも。

おときた　そう、だから国の借金には上限がない。つまり、**国はずっと続くから、未来の国民に限りなくお金を借り続けられる。上限金額のない魔法のクレジットカードだ。**

トキト　えっ、それってつまり、自分の子どもとかが将来オレたちの借金を返すってこと？

おときた　その通り。

ひっち　そんなの、ダメじゃん！

おときた　そう、おかしいと思うよね？　なんで将来の世代から借金することができるのか。普通の買い物だったら、自分の息子が返します、なんて許されないでしょう？

借りたお金は自分で返す！

トキト うん、なんでオレらが親父の服の金を払うねん、みたいな。

ひっち 借りる前に、使ってる分からもっと減らせるところがあるんじゃない？

おときた うん、まさにそうなんだけど、なかなか理解が難しいところだと思うから、ここからは**国民的ダメ人間**でたとえてみようか。

トキト 国民的ダメ人間って、誰やろ？

おときた塾の学び 20

日本は毎年、支出に対して収入がまったく足りていないため、未来の国民が返すことにして借金を膨《ふく》れ上がらせている。

日本はまるで「のび太くん」 子孫に借金をさせる驚きの理屈

おときた のび太くんという男がいます。

ひっち あっ、知ってる（笑）。

おときた こいつはダメな人間です。

トキト　それはそうや（笑）。

おときた　そんなのび太に、奥さんのしずかちゃんが、「1億円の家を建てよう」と言いました。

ひっち　あっ、結婚後なんだ。

トキト　しずかちゃんってセレブ志向なのか……。

おときた　どうしても豪華なお風呂がほしいらしいんだよね。そこでのび太は思いました。「100年使う家を建てれば、ノビスケくんやセワシくんも使うんじゃないか。だからお金を払わせよう！」と。

ひっち・トキト　**ダメ人間だ……！**

おときた　日本も、最初の借金の使い道は道路や施設とかだけだったんだ。将来の子どもたちにも関わる、100年使うようなモノだけ借金をしよう、と。それが、段々とそうじゃなくなっていったんだ。

トキト　なんで変わったんやろ？

おときた　それがね。しずかちゃんとのデートでも、「夫婦円満じゃないとそもそも子どもが生まれないから」なんて言い訳して、借金して高級ディナーをするようになってしま

モラルハザード

倫理観や道徳心が欠如《けつじょ》した状態のこと。そもそも、たいして困ってもいないのにひみつ道具を濫用《らんよう》するのび太くんはこの典型例だったと言える

ったんだ。
ひっち そんなの、自分が食べたいだけじゃん！
おときた そう、国民的ダメ人間のび太くんは、予想通りにモラルハザードを起こして、**なにもかも借金をして先送りするようになってしまった。**日本も同様に、いまや年金や医療費など、その場限りのものにどんどん借金を突っ込んでいる状況だ。
トキト さっき、国債はおもに日本の銀行が買ってるって言ったけど、それってどれくらいできるんやろ？
おときた お年寄りとかがかなり貯め込んでいるから、日本全国には個人資産が合計1700兆円くらいある。だから、あくまで数字の上でだけど、理論上は国と地方あわせて1700兆円までは借金ができるかな。
ひっち それでも、もうあと700兆円か……。
トキト しかも、そもそも銀行で預かっているお金が多いってことは、みんなが一気にお金を下ろしたらヤバいんやない？
ひっち ホントだ。
おときた 実際、**日本の国民が一斉にお金を下ろそうとしたら国が破綻《はたん》するレベルの借金にすでになっている。**

最近国が破綻状態になったギリシャ

2004年のアテネオリンピックのときはあれほど輝いていたのに、そのあとに粉飾《ふんしょく》決算が発覚するなどで一気に凋落《ちょうらく》した。東京オリンピック後の日本が心配で仕方がない

お年寄りとかがかなり貯め込んでいる

日本の個人金融資産の6割以上を60歳以上の高齢者が所有していると言われる。20代との格差は平均して5倍以上で、そりゃあ近頃の若者に車が買えるはずもない

ひっち　じゃあもし、1700兆円を超えたらどうなるの？

おときた　外国に借りなきゃいけない。最近国が破綻状態になったギリシャがそうだった。

トキト　国が破産すると、どうなるんですか？

おときた　国際通貨基金（IMF）から借りることになるんだけど、国民へのサービスや福祉も最低限になるから、ゴミ収集車がなかなか来なくなったり、病院が閉鎖されたりするだろうね。

ひっち　**そんなのありえん！**

トキト　ほかの国も借金してる？

おときた　してるけど、**日本はダントツでトップ**だ。

ひっち　イヤなトップだな……。

おときた塾の学び 21

あと先考えずなにもかも借金して先送りしてきたため、日本の借金総額は世界でダントツのトップになっている。

国際通貨基金（IMF）

国際連合に設置された機関で、財政破綻に瀕《ひん》した国の支援などを行う。この管理下に入ると国家レベルのリストラが強行され、街中に失業者が溢《あふ》れたりする恐怖の使者

増税は効果なし！　それでも政治が変わらないのは◯◯にビビってるから

ひっち　じゃあこれ、どうすればいいの？

トキト　簡単や、出ていくお金を減らせばいい。

おときた　そうだね。でも借金を返すためには収入も増やさなきゃいけないから、いちばん手っとり早いのは税金を上げることだと考える人が多いんだけど……。

トキト　それって、どれくらい効果があるんですか？

おときた　**消費税を1％上げても、国の収入は約2兆円しか増えない。**

ひっち　全然じゃん！

おときた　まさに焼石《やけいし》に水だね。**僕らは実は借金まみれなので、ほんとうは身の丈にあっていない、贅沢な生活をしている**と言えるかもしれない。

ひっち　でも、オレ、そんなの知らなかったよ。普通に暮らしてるつもりなのに、贅沢だなんて……。

これがホンマの借金地獄や……。

おときた　その通りだ。先に生まれた世代からすると、この現状は若い世代、さらにはこれから生まれてくる世代に申し訳なさすぎる状況なんだ。

トキト　そもそも借金を増やしてきた大人たちの負担を増やすべきなんやない？

おときた　お年寄りの医療費とかね。キミたちは3割負担だけど、75歳以上の高齢者は1割負担だって知ってる？

ひっち　知らなかった……だってあんまり病院行かないもん。

トキト　そういえばオレ、このまえノロかかったわ。

ひっち　えーっ、ノロつらくない!?　トキト大丈夫!?

トキト　安心してくれ、もう治った。でも、病院にはじいさんばあさんばっかやったな。

おときた　ちなみに、ノロウィルスの治療費はいくらだった？

トキト　たしか、3000円とかそのぐらい？

おときた　でも、お医者さんは高給取りじゃん。その差額はどこから来ると思う？

ひっち　**税金か……。**

トキト　やっぱさ、支出は減らせるんやない？　税金が高くても使い道に納得できるんならええけど、こんなんやったら納得できへんわ。

こんな状況、我慢できる？

おときた　じゃあ、使い道を決めているのはどんな人たちだと思う？

ひっち　えっ、誰だっけ。

トキト　あっ、政治家か……。それも選挙で、ってことでしょ？

おときた　そう、まさに。これも選挙の争点だ。**若い世代の負担が増えるばかりなのに、若い世代が選挙に行かない。これじゃあ、どんどんシワ寄せは若い世代に来るぞ。**

ひっち　オレらのせいでもあるのか！

トキト　なんていうか、選挙の重要性がわかってきた。

おときた塾の学び 22

借金を減らすためには税金を増やしてもあまり意味がなく、お年寄り向けを中心に支出を減らすことが必要。

「借金地獄からの脱出」のカギは「選挙」
面倒だけど実は日本は大ピンチ

おときた 支出を減らす以外に、方法はあると思う？

ひっち ん〜……**景気をよくする？**

おときた その通り。

トキト おっ、ひっち、やるじゃん！

おときた 景気がよくなれば、税収入が増えるからOKだね。じゃあ、景気をよくするにはどうしたらいい？

ひっち うーん、お金をたくさん印刷する！

おときた それは大間違いだな（笑）。

トキト ……やっぱり、ひっちはアカンな。

ひっち ガーン！

おときた ひとつは、お年寄りのお金をどう市場に流通させるかなんだけど……。

ひっち オレらがお小遣いもらうとか！

おときた まあね（笑）。でも、**お年寄りのお金を消費させる方向の政策は通りにくい**んだ。

ひっち なんで？　耳が遠いから？

トキト んなわけあるか！　選挙で落ちちゃうから？

おときた そう。万が一「シルバーパス廃止！」なんて言ったら、選挙に行くお年寄りの

（お金をたくさん印刷するのは）大間違い

紙幣を刷り過ぎれば、価値が暴落しインフレが起こる。ジンバブエでは年率２億％以上のインフレが発生し、これはうまい棒が１年後に2000万円になる事態である

シルバーパス（敬老パス）

東京都などで高齢者に安価で支給される、公共交通機関乗り放題券。大阪では橋下《はしもと》市長がこの有料化に成功したが、筆者は都議会で廃止を提案して袋叩きにあった

層の票を失ってしまう。でもさ、政治家は赤ちゃんのいる女性とかの支援もするべきだと思わない？

ひっち うん、なんでお年寄りばっかり乗りホーダイなんだろうって思ってた。

トキト なんか、いまの政治って全然合理的やないんやな。

おときた どうにかしたいところなんだけど、なにせ政治家は選挙に落ちると無職になっちゃうから大変なんだ。しかも選挙活動で街頭に立っているから、**地域でいちばん有名な無職**になっちゃう。

ひっち 地域でいちばん有名な無職、ウケるな！（笑）

トキト せやからみんな、ヤバい問題には手をつけへんのか。

おときた ふたりとも、よくわかってきたね。なにか疑問はある？

トキト **国への疑問はありますけど。**

ひっち 上手くない!?　ねえ、いまの上手くない!?

おときた塾の学び 23

借金を減らすもう一つの方法は、景気をよくすること。そのためには、若い世代が政治家を応援することが必要。

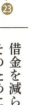

COLUMN 6

民主主義国家は、赤字になる宿命!?

実は赤字で借金を抱えているのは、日本だけじゃない。というより、**先進国と呼ばれるほとんどの国は赤字を抱えている。**この理由を研究してノーベル経済学賞を取った学者さんが、ブキャナンという人だ。

2限目の解説コラムでポピュリズムということを勉強したけど、基本的に民衆は増税は嫌だし、政府にバンバンお金を使ってもらって公共サービスを安く使いたい。民主主義で選挙によって選ばれる政治家たちは、その要求に応えようとするために安易な借金を重ねて、やがて民主主義国家は例外なく赤字に陥《おちい》っていく。ブキャナンはこのように分析した上で、赤字を許さない制度づくりを進めて、お金が足りなければ課税によって収支を均衡《きんこう》させる必要性を説いたんだ。

……当たり前と言えば当たり前だよね。どこの家庭でも、お金が足りなければ仕事を増やすか支出を減らすかをするもので、借金をして解決しようとする人はいないだろう。

ただ、ほとんどの民主主義国家がこうした「赤字の罠《わな》」にハマっていく中、近年ドイツがついに財政を均衡させて「赤字ゼロ」を達成した。毎年40兆円近くの赤字国債を重ねる日本も、小泉政権時代に厳しい歳出削減で単年度の財政収支が黒字一歩手前まで行ったこともある。**やろうと思えば、決して不可能なことではないんだ。**

政治家たちが目先の人気取りに惑わされずに国家経営に取り組むためにも、僕たち自身が自分ごとのように国の財政を考えることが大事だね。

7
限目

年金

年金制度はもうすでにオワコンである

危機を迎える年金制度問題と解決するために僕らができること

残念ながら、若い世代がいまのお年寄りのように年金をもらえる可能性は限りなく低い。しかし、現状のヤバさと年金制度の本質を理解し、正しく変えるアプローチを取ることができれば、オワコンになっている年金問題もきっと解決できるはず……たぶん。

将来もらえないなら、なんで年金払ってるの？ ドラクエでわかる保険の仕組み

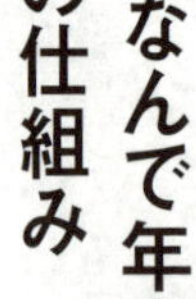

おときた　ふたりはもう、年金を納めているかな？

トキト　もちろん。

ひっち　納めてるはずです！

おときた　はずですってどういうことだ（笑）。じゃあ、年金ってなんだと思う？

ひっち　若いときに払っておくと、あとからもらえる、みたいな？

トキト　あれ、でもそれやったら貯金みたいなもんやない？　どう違うんやろ。

ひっち　たしかに。そしたら年金なんて納めずに、貯金すればいいじゃんね。

トキト　っていうかオレら、じじいになるころには年金ってもらえへんらしいで。

ひっち　**マジで!?　じゃあなんで払わされてるんだよ！**

おときた　はいはい、落ち着いて！　そもそも、年金というしくみについての説明が必要なようだね。じゃあ、年金を払う紙にはなに料って書いてある？

トキト　（ひっちにこっそり耳打ちをして）年貢。

ひっち 年貢！

おときた 違うよ。

ひっち ダマしたなー！

トキト へへ（笑）。保険料って書いてあるやん。

おときた じゃあ、保険ってどういうことか知ってる？

ひっち うーん、わかんないな。

トキト 基本は毎月払っていて、なんかあったときに大きなお金をもらえる、ってこと？

おときた そうだね、命にかかわるようなことがあったとき……たとえば、ドラクエで仲間が死んじゃったらどこに行く？

ひっち 教会！

トキト あ、あれもお金を払うんやっけ。

おときた そう。でもレベルが上がっていると、復活するのに1万ゴールドとかめちゃくちゃ高いお金が必要になる。そこで、**仲間同士で毎月10ゴールドずつ貯めておきましょう、と考えるのが保険だ。**

ひっち いつ「痛恨の一撃」がくるかわかんないもんなあ。

トキト いざというときは、その積立金から補助してもらう、と。

おときた そう。月々少額の積み立てをしておくことで、万が一のときにタダになる。こ

「痛恨の一撃」

ドラクエの敵サイドが放つ必殺の一撃。これが味方の場合は「会心の一撃」になる。当時は平仮名で表記されていたため、小学生にはまったく意味がわからなかった

れ、もったいないことだと思う?

ひっち そんなに損した気はしないいな。

トキト 死ぬかもしれへんときのためにお金を払ってるってことやんね?

おときた そう。そして保険の本質は助け合いなんだけど、これは死なない人のほうが多いから成立するビジネスなんだ。

ひっち たしかに! 死んじゃう人のほうが多かったら支払いきれないよね。

おときた うん、だからもっと言うと、**年金は「うっかり長生きしちゃったときの保険」なんだ。** これ、どういうことかわかる?

トキト みんながもらえる前提やないってこと?

おときた 正解。**万が一長生きしちゃった人のために、先に死んじゃった人が積み立てていたお金を払う、というのが本来の年金のシステムだったんだ。**

おときた塾の学び 24

年金は本来、誰でももらえるものではなく、「万が一長生きしてしまった人のための積立金」だった。

うっかり長生きしちゃった?

年金制度はもうオワコン!? 「若者は高齢者より大損」する理由

ひっち たしか、昔の人はいまよりも寿命が短かったんじゃなかったっけ?

トキト そうか、だから年金をもらえる人のほうが少なかったのか!

おときた **寿命は終戦直後と比較すると、30年くらい延びている。**でも、寿命が伸びているのに年金をもらえる年齢が上がらないと、どうなるだろう?

ひっち みんながもらえるようになる!

おときた それっていいことだと思う?

ひっち うーん、もらえるんだから、いいことなんじゃないかな?

トキト いや、それやとお金が足りなくなるんとちゃうかな?

ひっち あっ、そっか……!

おときた いいところに気づいたね。もともとは「保険」だった年金も、政治家たちが「これさえ納めておけば、定年後は死ぬまで安心ですよ」と大盤《おおばん》振る舞いした結果、いまや年金制度は危機を迎えている。これはようするに、**これまで積み立てた金額**

(平均寿命が) 30年ぐらい延びている

1947年の平均寿命は男性50歳、女性54歳。厚生年金制度が始まった1960年代でも65歳ちょっとだから、「人間五十年」と詠《うた》った織田信長も真っ青である

が足りなくなる恐れが出てきたんだ。

トキト　じゃあ、もらえる年齢をひき上げればいいだけやん。

おときた　いますぐにそうすれば、なんとかこの制度は持ち直すだろうね。だけど、これまでのテーマと同じで、そういうことを言うと選挙に落ちてしまうから、政治家はまずやろうとしない。

ひっち・トキト　**もういい加減にしてくれよ、そういうのっ！**

おときた　君たちの気持ちはわかる、わかるよ……。

トキト　じゃあ、オレらが年金が絶対にもらえると思って老後の人生設計をしちゃうとヤバいってこと？

おときた　ヤバくなるかもしれないね。少なくとも、**もらえる金額はかなり少なくなる**はず。このまま少子化が爆速で進めば、ふたりくらいの世代だと40年近く年金を納めても、もらえるのが毎月数万円なんて事態もあり得るかもしれない。

ひっち　そんなの、自分ひとりだって生活できないじゃないか……ひどい、ひどすぎる！

トキト　貯金した方がマシやん。オレたちっていま、どれくらい払ってるんでしたっけ？

年金制度は危機を迎えている

年金の年間支出は50兆円を超えて10年前の2倍、今後さらに増える。これで大丈夫と思える人は、不倫で失墜した清純派タレントばりに前向きである。レッツ・ポジティブ！

厚生年金

事業者・会社が半額を負担してくれる2階建て部分の年金。半額負担の恩恵がある代わりに、国民年金と異なり未納で逃げることは事実上不可能なハマりゲー

おときた 厚生年金であれば、給料の約18%だね。
ひっち えーっ、そんなに!?
おときた 月々数万円は払っているはずだけど、会社員は給料から天引きされているから、実際に支払っている感覚は少ないかもしれないな。
トキト **みんな、無関心やもんなあ。**
おときた しかも、さらに恐ろしいことに、いまはもう積立金だけで払うことはできなくなっているから、実はみんなが支払ったお金がそのままお年寄りに行き渡るような仕組みになっているんだ。これを賦課《ふか》方式という。
ひっち えっ……でもいまは少子化だから、お年寄りの人数はかなり多いよね?
トキト その人たちの年金分がオレらの給料から差っ引かれてるってこと……?
おときた その通り。だから**いまは3人で1人のお年寄りを支えている状態だ。**
トキト うっわー……。これ、もっと負担は増えたりするんですか。
おときた いずれ2人に1人、1人に1人の時代が来るかもしれない。まあ、国は負担がある一定レベルを超えないと約束しているけど。
トキト でも、1人に1人とかになったら、いまの3倍必要ってことやろ。さすがにオレらの給料からそんな引かれへんから、足りひんのやない?

賦課方式

積立金からではなく、現役世代が納めた保険料をそのまままいまの受給者に支払う仕組み。仕送りにたとえられるが、貧しい若者から富める高齢者へって、それは搾取《さくしゅ》……?

積立金だけで払うことはできなくなっている

2005年にピークとなる約150兆円を記録したが、その後は急速な取り崩しが続き、一説では残り20年で枯渇する。枯渇したあと? あれだ、レッツ・ポジティブ!

■賦課方式

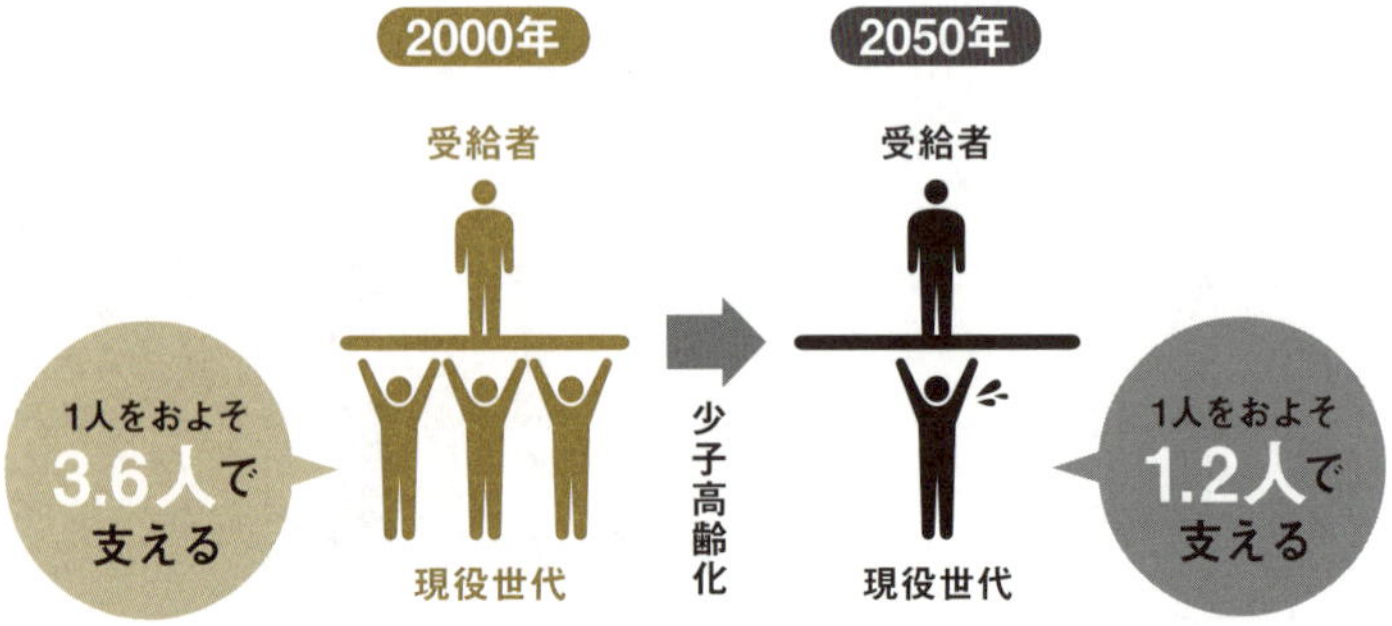

おときた　よく気づいたね。そう、**もう積立金と若い世代の保険料だけでは間に合わないから、実はここにも税金が投入されているんだ。**

ひっち　えーっ！　これも税金なの？

おときた　そう。前に見たように税金は将来世代への借金だから、いまの流れのままいけば若い世代どころか、まだ生まれてない子どもたちの負担まで増えていってしまう。

トキト　それじゃ、いまのお年寄りはどれくらいもらってるんですか？

おときた　年金の種類にもよるけど、多いと月に20万円を超えることもあるかな。いまの年金受給世代は、自分が納めた額より数千万円近く多くもらえる計算になっている。

年金の種類

国民年金や厚生年金のほかに、公務員が入れる共済年金がある。なお、悪名高い議員年金はほぼ廃止され、引退できなくなった高齢議員が溢れることになった（号泣）

国は負担がある一定レベルを超えないと約束している

厚生年金の保険料は平成29年に18.3%で固定され、以後は100年安心とされている。この宣言の信用度たるや、ノストラダムスの大予言に匹敵するほどである

ひっち ふ、ふざけんなー！

トキト オレらがもらえるのが払った分以下かもしれへんのに……。

おときた もともとは「保険」で、払った分が返ってくる制度ではないとはいえ、現状がこれでは不公平感は否めないよね。

おときた塾の学び 25

寿命が延びて積立金が足りなくなった結果、若い現役世代の保険料と税金が投入されることになった。

じゃあ、どうすればいいの？ 年金問題を若い世代が解決する2つの方法

ひっち そもそも年金って、絶対払わなきゃいけないんですか？

おときた 一応、義務ではあるね。でも、たとえば僕なんかは公的年金のほかに、民間の保険会社で年金をドル建てで積み立てているんだけど、そういうのもアリだね。

トキト 賢い人はもう対策してんのか……。

(年金の支払が)義務ではある

国民年金の未納を続けていると督促《とくそく》状が届き、さらに無視していると財産差し押さえの可能性もある。やはり単独でのボイコットは危険なのでオススメできない

(年金を)ドル建てで積み立て

民間の個人年金であれば外貨建てで加入することが可能だが、為替変動のリスクや、なにより民間保険会社が倒産する恐れもある。年金にうまい話はないと知るべし

ひっち　いっそもう、**義務にしなくていいんじゃないですか？**

おときた　とはいえ、60歳定年で、80歳超が平均寿命というのを考えると、多くの人は20年分の生活費を貯金できないだろうから、そう簡単にはいかないだろうね。

トキト　**でも、このままやと年金制度は崩壊しちゃうんでしょ。**

おときた　うん、このままではね。

ひっち　どうすればいいんだ……。

トキト　**いっそ、崩壊させちゃおう！**

おときた　考え方としてはアリだよ（笑）。1人や2人が払わないだけなら捕まえればいいけど、100万人が払わなければ崩壊する。

ひっち　**NHKの受信料みたいなものか！**

おときた　このままだと若い世代の負担ばかり増えるからね。むしろ、海外では日本の年金制度について、どうして若い世代がこんなに従順なのか、って驚いている。

トキト　**単純に、知らないからやろうね。知ってたら許せへんから。**

おときた　あとは「うっかり長生き保険」に戻すという方法もある。**本来はもらえる人のほうが少ない制度だったのに、みんながもらえると思っているいまが異常**とも言えるからね。

ひっち なんか、先に入ったモン勝ちで、イヤだなあ。こういうの、勧誘されても入っちゃダメなんじゃなかったっけ。

トキト ネットワークビジネスみたいな？

おときた 昔の言葉でいうと「ねずみ講」だね。**ほんとうは、政治家が選挙で高齢者の人気取りばかりせず、もっと早く受給開始年齢を後ろ倒しするべきだった。**この矛盾を解消するのがいちばん手っ取り早いだろうね。

トキト よおおおーし、投票に行こう！

ひっち トキトが本気になってきた（笑）！

おときた塾の学び 26

年金制度問題の現実的な解決方法は、若い世代が政治家を応援して受給開始年齢を引き上げてもらうこと。

ネットワークビジネス

長年会っていなかった友人がSNSなどで「会いたい」と言ってきたら、高い確率でこれの勧誘。なお、ビジネスであれば断れば害はないが、年金は強制加入である……

COLUMN 7

オワコンな年金を復活させよ！

なんだか絶望的な年金の状態だけど、果たしてここから復活することなんて可能なんだろうか？

具体的に考えてみようか。まずもっともシンプルなのは、**受給開始年齢を大幅に遅らせて、もらえる金額も生活する必要最小限に縮小すること**だ。これを行う場合、定年制度というしくみも合わせて見直す必要が出てくるだろう。年金で優雅な老後、なんて幻想はなくなり、生涯現役が基本的なライフスタイルになる。

もう一つは、**年金を積立方式の世代別会計にすること。**いまは高齢者の受給金を現役世代が保険料で払うという「世代間の助け合い」になっている仕組みだけど、これを授業で出てきたドラクエ保険方式で「世代内の助け合い」へと転換する。同じ世代内で積み立てた保険金を、うっかり長生きしちゃった人が受け取れる方式にすれば、生まれてきた世代が違うからって損をする人は発生しない。転換期に一時的な積立金の不足が発生するが、それは特別国債を発行することで乗り切れば理論的には可能だ。

どちらの方法も、「払っておけば、定年後は働かなくても死ぬまで安心」と思い込んでいる高齢者層を納得させねばならず、**実施への政治的ハードルは極めて高い**だろう。だからといって、これ以上先送りをしていれば、その末路《まつろ》は悲惨なものになるよね。上記のような政策を提言する政治家も、少ないながらも出てきている。若い世代を中心とした、世論のあと押しが必要になるだろうね。

●96ページの答え……〈第１問〉資本〈第２問〉納税〈第３問〉約800兆円（807兆911億円）

トキト「いやー、これキビシイわ……」ひっち「オレが投票行って変えたるわ！」

第二部

実際、政治ってどうなってるの？

ISSUE ②

僕らのこの国について

JAPAN

ニュースがつまらないと思っていないだろうか。それは、この国で起きている重大なことを、君たちがあまり知らないからかもしれない。憲法９条に原発問題……。日本を揺るがす大問題に焦点をあててみよう。

日本って戦争する国
になったの？

政府がやる
ことってなんで
イケてないの？

原発って結局
必要だったの？

時間割

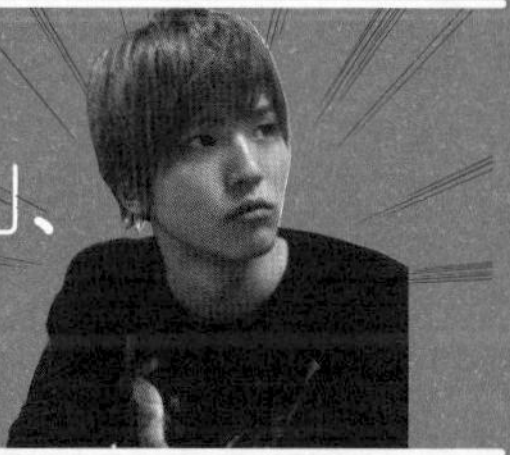

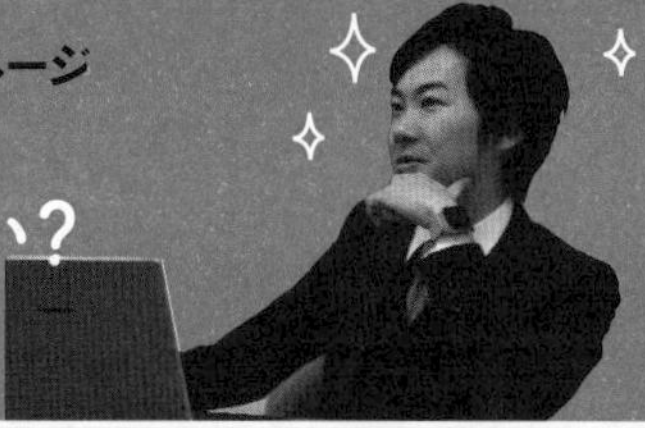

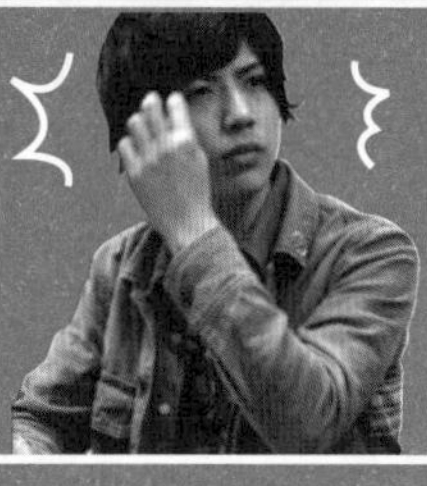

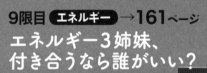

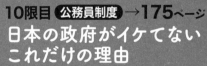

PART 3

知らないとヤバい！

政治の問題

まずはウォームアップ。次の３つの問題を解きながら、今回の講義でとりあげる内容について考えてみよう。

〈第1問〉

「非核三原則」を説明してください

「________ない　________ない　________ない」

〈第2問〉

「日本の主要三大発電は
（　　）力、（　　）力、（　　）力である」
空欄に入る言葉を考えてください

〈第3問〉

政策の中身をつくる役割を担う官僚は、その組織の構造が特徴的なため、ある形によくたとえられます。その形とはなんでしょうか（ヒント：エジプト）。

ダメだ、学校で習ったけど忘れた……。できるところからやるスタイルでいきます!

トシキの解答

〈解答1〉

もてない、つくらない、わからない

〈解答2〉

原子力、風力、ソーラーパネル

〈解答3〉

ピラミット

レンの解答

〈解答1〉

持たない、作らない、使わせない

〈解答2〉

風力、熱力、原子力

〈解答3〉

ピラミッド

だいたい勘で書いてますけど、今回は意外に当たってるんじゃないかって気がします!

正解は188ページ

レン「今回はキタでしょこれ！」トシキ「レン、熱力ってどういうこと……」

⑧
限目

安全保障

憲法9条は「浮気公認状態」、さあどうする?

ますます緊迫する情勢下、平和憲法のこれからを巡って

日本は「戦力を持たない国」「戦争しない国」だって宣言してるのが、憲法9条。でも、自衛隊はとても高い戦闘能力を有しているし、最近は国際情勢が穏やかじゃなくなっているなか、そうも言っていられなくなっている。それはまるで、美女に迫られ浮気するダメ男のように……。

そもそも、なんで自衛隊があるの？日本が憲法を守れないワケ

おときた　3限目に憲法を「ジャンプ」にたとえたんだけど、実はいま、「憲法を変えたほうがいいんじゃないか」という動きがあるんだ。憲法9条って、学校で習ったよね？

レン　もちろん覚えてます。「戦争反対！」ですよね！

おときた　まあ、間違ってはいないんだけどね（笑）。補足すると、**9条では「戦力を持たない、戦争をしない」という宣言をしているんだ。**

トシキ　そうだそうだ。えーと、平和憲法、だっけ……？

おときた　おおー、素晴らしい！　日本の平和教育には一定の成果があるみたいで安心した。先進国で戦争放棄を宣言しているのは日本だけで、これは世界的に見てもとてもユニークな憲法だね。

レン　へえ、ユニークなんだ？　なんか面白いことでも書いてあるのかな？

トシキ　明らかにそのユニークじゃないでしょ！　でも、戦争放棄って言いつつ、自衛隊があるよね？　あれ、最初から不思議だったんです。

おときた　いいところに気がついたね。**日本は自衛隊を「軍隊ではな**

憲法9条

憲法の三大原則の１つである「平和主義」を規定している超絶大事な項目。もしこれがなくなれば、日本に与える影響は「福山（雅治）ロス」を超えると言われている

い」と言っているけど、世界的に見ればあれはどう見ても軍隊。「ジャンプ」のなかに「努力・友情・勝利」の三原則を守らないマンガが入ってるようなものなんだ。

トシキ 努力・友情・勝利じゃないマンガってどんなマンガだろう……?

レン ……『島耕作』とか?

おときた シブいところ突いてきたな(笑)。そうだね、それがなぜかジャンプで連載されている状態。こうなると、**現状を憲法にあわせるか、憲法を現状にあわせるかしかない**んだ。

トシキ それって、実際はどうするんですか??

おときた 自衛隊を解散するか、憲法を「多少は戦力持ちます」に変えるか。これについてはいま、意見が真っ二つにわかれているところなんだよね。

レン ええっ、わかれてるんですか?

おときた 意外?

レン はい、別に持てばいいじゃんって思う。減るもんじゃないし。

トシキ キャバクラのオヤジかよ! でも、憲法を現状に合わせるって言って、変えちゃったら歯止めが利かなくなりそうじゃない?

おときた おおっ、トシキくん、いいことを言いますね~。その通りです。

『島耕作』

とある大企業サラリーマンの姿を描いた青年漫画。既婚者でありながら女を抱きまくって問題解決していく主人公の島耕作は、確実に普通のサラリーマン像ではない

(自衛隊は)どう見ても軍隊

あのイージス艦を8隻所有するなど(2018年予定)、世界も羨むほどの装備を誇る。さらに自衛官の練度の高さにも定評があり、軍隊を除けば世界最強の組織であろう。あれれ?

レン　おときたさん、コメンテーターみたい（笑）。

おときた　それに、そもそもどうしてこんな議論をしているのか、というのも問題だったりする。だって、憲法に書いてあるなら守れよ、って思わない？

レン　た、たしかにー！

おときた　じゃあなんで戦力を持っているのかというとね……これって恋愛によく似ているんです。

トシキ・レン　恋愛に⁉

おときた塾の学び
㉗

憲法9条は「戦力を持たない、戦争しない」と宣言している。なのに自衛隊は実質的に軍隊になっていて、矛盾している。

いまの自衛隊は「浮気じゃないって言い張るダメ男」と一緒⁉

おときた　じゃあ、仮に君たちが女の子と付き合うことになったとしよう。

トシキ　おっ、いいですね～。それでそれで？

おときた　で、最初にお互い約束するわけだ。「浮気はダメだよ」って。

レン　えーっ。その女の子って、なんかメンドくさい子なの？

トシキ　わりと普通だと思うぞ！

おときた　まあまあ（笑）。最初はそれでもいいんだけど、付き合っているとだんだん、ね……いろいろあるじゃないですか。ほら。

トシキ　飽きてくるってこと？　もしかして、おときたさん……。

おときた　ちがうちがう、これはたとえばの話！　僕の話じゃないぞ～！

トシキ・レン　あせりすぎ！（笑）

おときた　あくまでたとえばの話だけどさ、別の子とご飯を食べるくらいはセーフだろう、とか、手をつなぐくらいなら、とか、もうエッチしちゃったけどこれは浮気じゃない！「気」持ちはお前にあるから！とか。そういうこと、あるよね？

トシキ　あ～あ。いちばんやっちゃいけないパターンだね。

おときた　そう。残念ながら、こうなっているのがいまの日本だ。**浮気じゃない！って言い張るように、自衛隊は戦力じゃない！って言い張ってる。**

レン　でもたしかに、付き合いたてのころって浮気するなんて思ってないから、「ずっと

一緒にいよう」とか言っちゃうもんなあ。

トシキ　それでだいたい、しばらくして別れるよね（笑）。

おときた　そう、おなじように、最初は「戦力を放棄すれば戦争は起きない」っていう理想を信じてたんだけど、**いろいろあって「やっぱり戦力がないとヤバい」ってことに気づいたんだ。**

レン　え、ヤバいんですか？　どこかの国が日本を狙ってるの？

おときた　まず、これまで日本はアメリカに守ってもらう約束、つまり日米安全保障条約を結んでいたんだけど。

トシキ　日本は戦力を持たないから？

おときた　そのとおり。でも、ここのところ中国がすごいスピードで勢力を拡大していて、日本にとっても脅威の存在になってきた。しかも最近では、おとなりの朝鮮半島でも韓国と北朝鮮がモメているという。

トシキ　う、うん……？　中国がヤバくて、それに韓国と北朝鮮がモメてて……？

おときた　いっぽうのアメリカは、イスラム諸国との関係が悪化していて……。

レン　（遠い目）

トシキ　（指輪をいじり始める）

おときた　おっと、いきなりは難しかったか……。よし、じゃあ、**いまから日本**

日米安全保障条約

米国が日本を守る義務の根拠となる同盟条約で、日本側は土地や金銭などを負担。お金を払ってジャイアンをボディーガードに雇うスネ夫を想像するとわかりやすいは三代目 J Soul Brothersだ！

レン・トシキ　たとえ、キター！

おときた塾の学び 28

近年、周辺国の脅威が高まって、日本も必要にかられて自衛隊を武装したが、「戦力じゃない」と言い張っている。

日本を三代目 J Soul Brothersにたとえると、世界はこう見える！

おときた　日本が三代目 J Soul Brothersだとすると、アメリカはEXILEだね。三代目 J Soul BrothersはEXILEの後輩グループだから、立場はEXILEのほうが強いってことになる。

レン　たしかに、三代目 J Soul BrothersはEXILEに逆らえなさそう。

おときた　で、EXILEをバックに、三代目 J Soul Brothersは人気のグループになっ

三代目はオレの師匠！

三代目 J Soul Brothers (from EXILE TRIBE)

若者を中心に絶大な人気を誇るダンス＆ボーカルユニット。通称「三代目」と呼ばれるが、おじさんたちの世代にはどう考えてもヤ◯ザの呼称にしか聞こえない

ていった。

トシキ　オレも三代目 J Soul Brothers好きっす！

おときた　いっぽう、おなじ歌って踊れる男性グループとして、EXILEのライバルであり、最近また一段と巨大な勢力になっているあるグループがある。

レン　あ、わかった！　ジャニーズ？

おときた　正解！　これが中国だとしよう。ジャニーズにとってみれば、ライバルのEXILEの手先みたいな三代目 J Soul Brothersが舞台や番組でデカい顔をしているのがおもしろくない。

トシキ　まあそうだよね。EXILEがいなかったら、三代目 J Soul Brothersもここまで人気にはなってないと思うし。

おときた　うん。それでジャニーズは、三代目 J Soul Brothersのライブに来ていろいろとちょっかいを出すわけだ。実際に起こっていることでいえば、尖閣諸島《せんかくしょとう》とか小笠原諸島《おがさわらしょとう》とかの問題がこれにあたる。

レン　なるほど、オレたちはいまEXILEとジャニーズの勢力争いに巻き込まれてるってことか。めっちゃつらいな、それ……。

トシキ　外、歩けないな……。

おときた　あくまでたとえだけどね（笑）。さらに言うと、EXILEにはまた別のライ

三代目が大変なことに……！

EXILE
当初6名で結成されたダンスユニットで、メンバーが増え続け現在は19名に。このままのペースでいくと、90年後には日本人男性全員がEXILEになるらしい

バルがいて。それを仮にAKBとしようか。
トシキ おっ。オレAKBも好きっす!!
おときた EXILEはジャニーズとの勢力争いとは別のところで、エンタメ市場のシェアをAKBとかNMBとかSKEとかと争っている。これがイスラム諸国だ。
トシキ それじゃあ、EXILEはすでにいろんなところと勢力争いするのに必死で、あんまり三代目J Soul Brothersを守ってあげられないんじゃ……?
おときた その通り。しかも三代目J Soul Brothersのとなりでは東方神起のふたり(韓国と北朝鮮)が大ゲンカをはじめるとなると……。
レン それは大変! 三代目J Soul Brothersは芸能界でどう生き残るかを真剣に考えないと……。
おときた そう、まさにそういうタイミングで、EXILEと三代目J Soul Brothersの契約が見直しになったんだ。**これが「安保法案」、アメリカと日本の約束を改正しようという動きだね。**
トシキ な、なんだかハラハラしてきた(笑)。

AKB
正式にはAKB48。「会いに行けるアイドル」をコンセプトに誕生した女性アイドルグループ。しばしばオリコンランクの上位を独占するも、「握手券にCDがついてる」と揶揄される

尖閣諸島とか小笠原諸島とか
尖閣諸島は中国が領有権を主張して不法侵入を繰り返しているし、小笠原諸島には中国人漁船団がわが物顔でサンゴの密漁にやってきた。放っておくとかなりヤバい

おときた塾の学び 29

これまで日本はアメリカに守られてきたが、中国や近隣諸国の勢力拡大を背景に、日米関係の契約見直しを迫られている。

安保法案は「どこかと戦うための法律」ではない！ そのほんとうの意味とは

おときた　安保法案の中身って、要するにEXILEの社長のHIROさんが三代目J Soul Brothersに「もっと一緒にやろう。こっちもいろいろ大変だから、オマエらもうちょっとEXILEのために頑張れや」と言ってるようなものなんだ。

レン　でも、それだとジャニーさんは気分悪いですよね？　ほら、虎の威を借る狐ってやつで。

トシキ　そんなことわざ、どっから出てきた（笑）。たしかにジャニーさん、独裁をするくらいだし、まわりが思い通りにならないの嫌いそう。

おときた　そう、ジャニーズのちょっかいはもっとひどくなるかもしれない。これまで

東方神起
韓流ブームの牽引役ともなった韓国人ボーカルグループ。メンバーの分裂によって一時は活動休止に。人間関係のドロドロは、芸能界も政界も変わりませんね…

NMBとかSKEとか
AKBが秋葉原ならNMBは大阪の難波、SKEは名古屋の栄の略称。全国にチェーン展開したAKBの姉妹ユニットだが、もう一体いくつあるんですか？

三代目 J Soul Brothersは、ジャニーズともＥＸＩＬＥとも中立ということにしていたけど、もしジャニーさんがＨＩＲＯさんをディスったら……？

レン **戦争だ……！**

おときた あとはＡＫＢとの関係もあるね。三代目 J Soul BrothersはＡＫＢとはライバルじゃないけど、ＥＸＩＬＥとＡＫＢの仲が悪くなれば……。

レン 大変だ！ 三代目 J Soul BrothersがＡＫＢファンを敵に回しちゃう！

トシキ えーっ！ オレ、両方とも好きなのに、どうしたらいいんだ……。

おときた だよね。でもそれが安保法案の実態なんだ。ちなみに安保法案って、反対派から「戦争法案」って言われることもあって誤解されがちなんだけど、ほんとうはどこかと戦うための法律じゃないんだよね。

トシキ え、どういうこと？

おときた **安保法案は、どことも戦わないためにはどうすればいいのか、についての法律なんだ。**

レン ひゅー、カッコいい！

トシキ ＥＸＩＬＥとジャニーズとＡＫＢ、どっちの側にまわっても、どこかと戦うこ

安保法案

2015年に可決された一連の安全保障関連法案のこと。集団的自衛権を容認するなど内容は多岐にわたるが、わたりすぎて国会議員でも理解してない人がチラホラ

たとえで理解する国際情勢

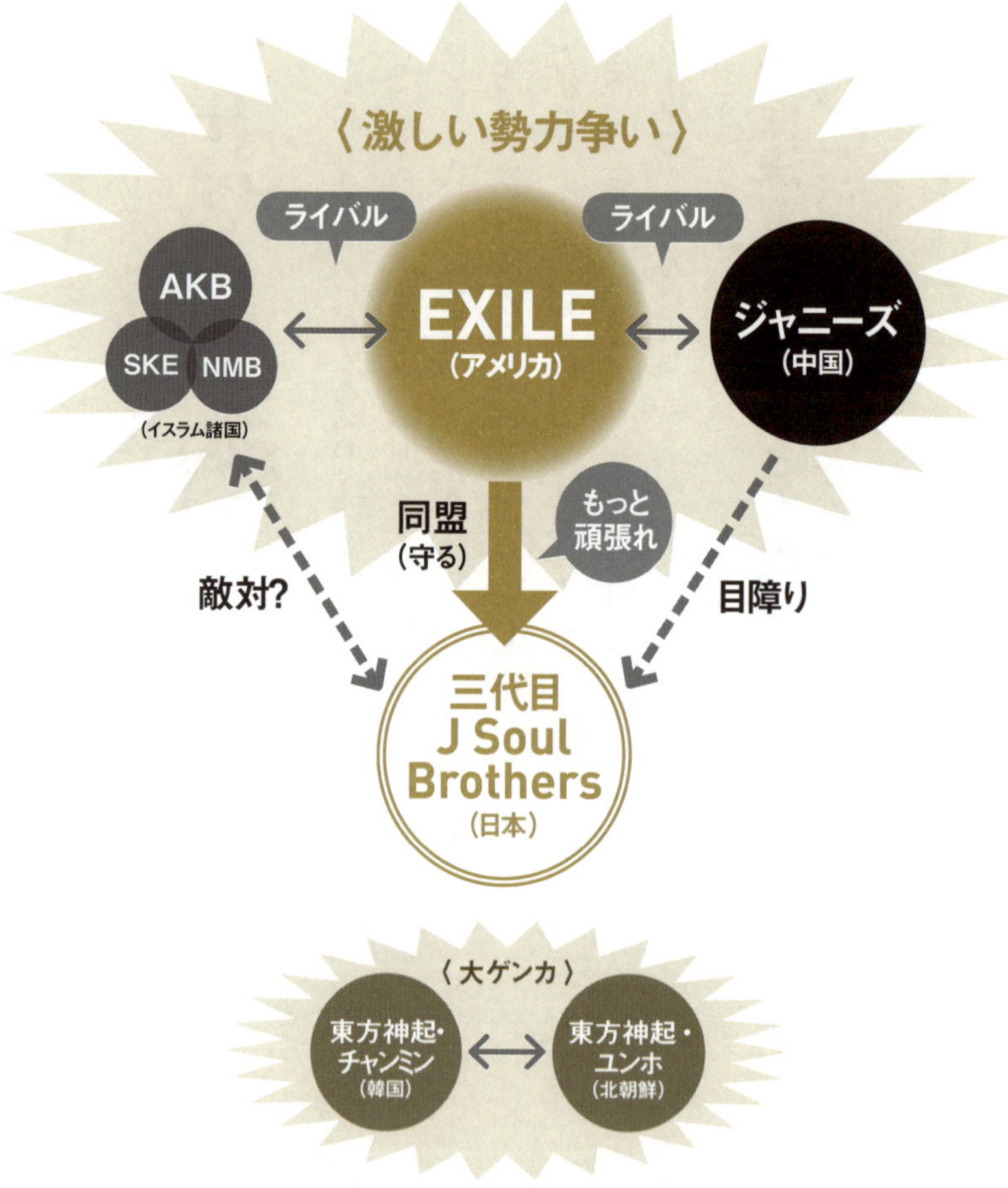

とになる。これは大変だな……。

おときた塾の学び 30

安保法案は、アメリカが日本の戦力活用を要求する側面も。どちらに転んでも、誰かが文句を言いそうだから難しい。

実はもう浮気公認!? 自衛隊をめぐる議論の行方は……

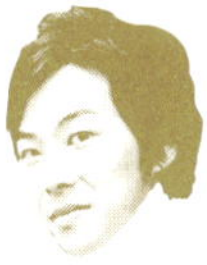

おときた いっぽうで、さっきトシキくんが言ったように、一度戦力を持つことを許せば〝歯止めが利かない〟っていうのもその通りだ。

トシキ だって、浮気禁止じゃない恋愛なんてヤリ放題じゃん。

おときた そう。だけど言ってみれば、**自衛隊は、君たちが生まれたときから浮気している状態なんだ。**

トシキ えー！ なんかやだな、それ。じゃあ、あらためて浮気を絶対禁止にするか、スッパリその子と別れるか。

レン　浮気してるってわかったまま、付き合い続けるか……。

トシキ　それはダメでしょ⁉

おときた　究極の選択だね。ほんとうは上の世代が責任をもって決断すべきだったんだけど、僕らの世代がそれを迫られてる。

トシキ　安保法案って結局どうなったんですか？

おときた　もう施行されてるよ。２０１５年秋に、アメリカとの結び付きを強める方向で国会を通過していたんだ。

トシキ　ええっ、もう始まっているの？

おときた　そう、だから**もしアメリカになにかあれば、場合によっては日本はすぐさま駆け付けなきゃいけない。**いわば、浮気をしまくることが決定しているわけだね。

レン　なにそれ……めっちゃ大事なことなのに、オレ、なんにも知らなかった。

トシキ　こういうのって、いつも知らないあいだに勝手に始まってて、しかも知らないとまったく実感がないから、怖いんだよな……。

おときた　そんな君たちに耳寄りな情報を。２０１６年7月の選挙では、憲法からかけ離れてしまった自衛隊をどうするかっていうのが争点になるだろうと言われている。

レン　わー、めっちゃおもしろそう！

もしアメリカになにかあれば

「存立危機事態」と言われるが、あまりにも複雑なため安倍首相が「もしも近所で火事が起きたら」という事例で説明したところ、評判が悪く文字通り大炎上した

（安保法案が）国会を通過

反対派の動きは激しく、長期に渡って国会前にはデモ隊が押し寄せた。連日の国会審議は深夜に及び、議員会館にあるセブンイレブンの食料は毎日枯渇していた

トシキ うんうん、わかるとおもしろくなっていくよな。

おときた塾の学び 31

自衛隊という戦力の存在と憲法9条の条文は矛盾している。
安保法案も施行され、これ以上矛盾を放置できなくなっている。

2016年7月の選挙（予定）

第24回参議院議員選挙。安倍首相率いる自民党が、憲法改正を争点にするか否かに注目が集まる。なお、18歳選挙権が初めて解禁される歴史的な選挙でもある

COLUMN 8

日本国憲法は、鉄壁の処女!?

日本国憲法は誕生以来、一度も改正されたことがない、70歳の生娘だ。一方で諸外国の状況を見れば、フランスやドイツなどの先進国でも数十回、憲法は改正されている。

これにはいろいろな理由があるけれど、**日本の憲法を変更するハードルが非常に高いことが原因の一つ**だ。３限目で触れたように、憲法改正の発議は衆参両院の３分の２以上の賛成が必要とされ、さらに国民投票を行って過半数の賛成を得なければいけない。

さらっと書いたけど、これはめちゃめちゃ難しい！　日本の憲政史上、衆参両院の３分の２を与党が占めたことはないんだ。このように変更が難しい憲法のことを、専門用語で「硬性憲法《こうせいけんぽう》」という。日本の憲法は硬派なんだ。

一方で、法律であれば国会の過半数の承認で作ったり変更することができるけど、これとほぼ同じ条件で憲法を変えられる国もある。こうした国では頻繁に憲法改正が行われ、この憲法は「軟性憲法《なんせいけんぽう》」と呼ばれているんだ。ナンパなビッチ娘だと考えると覚えやすいね、怒られそうだけど。

2016年6月現在、衆議院の３分の２を自民・公明の与党が占めていて、次の参議院選挙で参議院の３分の２獲得も現実的に可能だと言われている。なので、**2016年7月の選挙は、この初めての憲法改正が争点になる可能性が高い**。日本国憲法は、その処女を維持することができるのか!?　初の18歳選挙権解禁とも相まって、大注目の選挙になると言えるだろう。

⑨
限目

エネルギー

エネルギー3姉妹、付き合うなら誰がいい?

明らかになった原発のリスクとこれからの3大発電の活用方法を探る

あの福島第一原発の事故以来、「原発を使い続けるか否か」は、日本が抱えるいちばん大きな問題だ。とても複雑だけど、でもなにかに似ている……そう、飲み会ではおなじみ「好みの女の子のタイプ」問題だ。付き合うなら誰がいいか考えを巡らせながら、日本の未来を想像してみよう。

ややこしい原発問題は「3人の女の子ロボット」でわかる!?

おときた 憲法と並ぶくらい大きな問題といえば、原子力発電所、つまり原発の問題があるね。さて質問。原発ではなにを作ってるでしょう?

レン あ、それ知ってる! えーと、放射能《ほうしゃのう》、だっけ?

トシキ それ絶対作っちゃだめなやつだろ! 電気、ですよね?

おときた そうだね。まあ核分裂《かくぶんれつ》で放射線も発生するけど、これは絶対に外に出しちゃいけないやつだからね(笑)。じゃあ、もうひとつ質問。ふたりは、電気がなくなったらどうなる?

トシキ そんなの考えらんない。電気ないと生きてけないな。

おときた そうだね。スマホも充電できないし……。

レン あと、髪もセットできない!

おときた ん、それは頑張ればできるんじゃないかな? とにかく、ゲームもできない、エアコンもつかない、電車も走らない。

トシキ なんにもできないじゃん!

電気はめちゃくちゃ重要。

核分裂で放射線も発生する

発熱に伴って、セシウムなどの人体に有害な放射性物質が生み出されてしまう。エロ動画をダウンロードすると、たまに悪質なウィルスがついてきますよね

おときた そう。電気は僕らの生活に欠かせないから、それをどうやって作るかはめちゃくちゃ重要な問題なんだ。ちなみに、**いまの日本の主要3大発電は火力・水力・原子力**だね。じゃあ、そもそも発電ってどうやるのかわかる？

レン なんかこう、バーン！って。

おときた うん、わからないみたいだから説明しようか。ざっくりいえば、火力の場合、まず燃料を燃やして水を沸騰《ふっとう》させる。そうするとものすごい勢いで蒸気《じょうき》が発生するから、それで「タービン」と呼ばれる羽をまわす。そしてその回転を利用して、発電機が電気をつくりだす、というわけだ。

レン 田舎とかでまわってる風車もおなじしくみなの？

おときた そうだね。あと水力なんかは、川に水車があってそれをまわしてると思えばわかりやすいかな。だから、火とか風とか水の流れとか、**どこか別のところにあるエネルギーを電気に変えるのが発電だというわけ。**

トシキ じゃあ、原子力はなにを電気に変えてるの？

おときた いい質問だね。説明が難しいけど、石炭や石油なんかより、もっとすごい熱エネルギーを発生させる小さな物質、と想像するとわかりやすいかもしれない。

レン へー、小さいんだ？

おときた そう、ものすごく小さい。なのに、たくさん電気が作り出せる。もともと日

（原子力発電でエネルギーを発生させる）小さな物質

ウランのこと。わが国ではサイケな髪型をした女性ロボットの名前で有名だが、可愛い印象とは裏腹に、核分裂で恐ろしいほどの発熱と放射性物質を生み出す

本は火力発電がメインだったんだけど、国内にはあまり石炭とか石油みたいな資源がないから、ずっと海外からの輸入に頼って発電していたんだ。

トシキ そうか、石炭とか石油って、どこにでもあるものじゃないのか。

おときた それに、無限にあるものでもなくて、**石油はあと数十年でなくなるとも言われていたりする。**

レン えー、ヤバいじゃんそれ！

おときた しかも、それらの仕入先にあたる中東の国々で戦争があると、とたんに手に入りにくくなって、燃料の値段が上がってしまうという問題もあるね。

トシキ あ、じゃあ原子力はもっとすごいし小さいから……？

おときた まさに。だからあるときまでは、原子力発電が未来のエネルギーとしてかなり期待されていたんだ。でも最近は、2011年の福島第一原発もあって、その危険性が議論されるようになったんだけどね。

トシキ ああ、それオレもテレビで見た気がする。あのときって毎日ニュースでやってたんだけど、いろんな人がいろんなこと言うから、結局なにが問題なのかがよくわからなかったんだよね……。

レン ふーん、そうなんだ？ そんなにダメな感じなら、ほかのに変えればいいじゃんって思うな。

（石油の）仕入先にあたる中東の国々

輸入先のトップはサウジアラビア・UAEなど。両親が喧嘩をすると晩ご飯のおかずが貧しくなるがごとく、この地域で紛争が起こると途端に石油価格に影響する

石油はあと数十年でなくなる

化石燃料である石油や石炭は埋蔵量に限度があり、掘り尽くされたら枯渇する。ただ技術の進化で確認埋蔵量が年々増えており、「なくなる詐欺」と言われることも

おときた ところがそう簡単でもなくてね、これはなかなかにややこしいので……ここで**3人の女の子ロボット**に登場してもらおう！

トシキ・レン 女の子ロボット!?

> **おときた塾の学び ㉜**
>
> いまの日本の主要3大発電は火力・水力・原子力。原発事故を受けて、原子力依存の見直しを迫られている。

「バリキャリ」「メンヘラ」そして「兵器」……？ それぞれの個性とは

おときた 君たちは会社にいて、一緒に働く3タイプの女の子ロボットがいます。ひとりは**火子《ひこ》ちゃん**。この子はいわゆる**「バリキャリ女子」**だね。

トシキ バリキャリ女子って？

おときた バリバリ働くキャリアウーマン、の略だね。ここでは、高学歴でバリバリ仕事をするけど、給料は高いし勝ち気。たまにカッとなって職場で衝突してしまう、としよ

2011年の福島第一原発の事故
これで、日本の原発は事故を起こさない神話は破られた。その衝撃は、キャプ翼で若林くんがペナルティエリアの外からゴールを決められたときに匹敵したと言われる

■原子

■火子

うか。はいレンくん、この子はどの発電かな？

レン　そんなのカンタンすぎる！　火力！

おときた　正解！　火力発電は、仕事はできる、つまり発電量は多いんだけど、そのぶん人間関係のトラブル、つまり環境を汚染するリスクがあるんだね。

トシキ　あー、そういう子いるいる。なんか想像できちゃうな。

おときた　そして、このロボットは働きすぎるので、寿命が短い。

レン　ロボットなのに……（涙）。

おときた　そしてもうひとりのロボットが**原子《げんこ》ちゃん**。この子はクールビューティーで、与えられた仕事を淡々とこなす。バランスがいいタイプで、お給料もそこそこだね。

トシキ　そういうタイプ、いいなー。オレ

（火力発電の）環境を汚染するリスク

火力発電で排出するCO_2が、地球温暖化の理由の一つと言われる。なお、牛のゲップにも温暖化原因のメタンガスが含まれるが、もちろん影響力は比較にならない

■風子

原子ちゃんがいいかも。

おときた でも、実はこの子は**兵器**だったんだ。

トシキ ……さっきのナシ！

おときた なにかのきっかけで故障すると、手がつけられなくなる。謎の電波を発して周囲の人間を殺りくしてしまうという恐ろしいロボットだったんだね。もうわかるよね、レンくん、これはどの発電かな？

レン 原子力！ でもなんでそんなことになっちゃったんだろう？

おときた それがね、原子ちゃんを作ったときはわからなかったんだ。ロボット博士によると、このロボットは絶対に安全、ということだったから。

レン もしや、スパイが操作しているのかも……!?

トシキ それはないでしょ！

おときた そこで、いくらなんでもこのふたりだけではよくない、ということになって、**風子**《ふうこ》**ちゃん**が開発された。風子ちゃんはおっとりしていて、みんなにやさしい子なんだ。

（原子ちゃんが故障すると）手がつけられなくなる

福島では原発から 20km 圏内が警戒地域となり、10 万人以上が故郷を失った。警戒地域に入ることは可能だが、ウロウロしてると職質を食らうので、やっぱり危ない

■エネルギー3姉妹

	火子ちゃん〈火力発電〉	原子ちゃん〈原子力発電〉	風子ちゃん〈自然エネルギー〉
コスト	× めっちゃお金がかかる	○ そんなにかからない	△ そこそこかかる
働きぶり	◎ バリバリ仕事をする	◎ クールで最高級のパフォーマンス	△ メンヘラ気味で安定しない
性格	△ 勝ち気なのでときどき暴れて職場の人間と衝突する	× 一度壊れると謎の電波を発して周囲の人間を殺戮してしまう	△ やる気がないときは使い物にならない、根気がない
寿命	△ 短い	× 死んだ後も謎の電波を発し続けるウィルス感染する	◎ 不死身

トシキ　これで安心だ！　オレ、風子ちゃんに決めた。

おときた　でもね、**メンヘラ**なんだ。

トシキ　くっ……どいつもこいつも！

おときた　気分次第でまったく仕事をしなくなる。究極の場合、出社をしない。でも、この風子ちゃんは壊れないんだ。いわば不死身だね。

トシキ　不死身のメンヘラって……（白目）。

レン　みんな、なんだかんだで、使いづらいんだなあ。

おときた　そうなんだよね。でも、なんとかこの3人の人型ロボットをコントロールして、会社を経営しなきゃいけないのが僕たち日本株式会社、というわけだ。

トシキ・レン　なるほどー!!

おときた　日本はもともと火子ちゃんばっかりだったんだけど、なにせお給料が高いしトラブルも多い。

レン　それに、すぐに寿命が来ちゃうんだよね……（涙目）？

おときた　そう、そこで海外から売り込まれたのが原子ちゃんだったんだけど……。

トシキ　兵器になっちゃうんでしょ。

おときた　そう、一度兵器になった原子ちゃんはゾンビのようなもので、死んだあとも謎の電波を発し続けるから、もう縛りつけてどこかに閉じ込めるしかない。

（原子ちゃんが兵器化したら）縛りつけてどこかに閉じ込める

使用済みの核燃料は最終処分場に約10万年、安置しなければならない。デーモン閣下の年齢が10万53歳であることを考えると、その途方のなさがわかるはず

（風子ちゃんが）気分次第（て仕事しない）

風力発電の稼働率は20%程度、太陽光発電は10%程度と言われており、極めて不安定である。10日に一度しか働かない社員なんか、そりゃクビになりますわ……

レン　かわいそうに……。

おときた　まあでも、殺されたらたまらないからね。そこで風子ちゃんが注目されたんだけど、なにせメンヘラが治らない。**治るには数十年はかかる**だろうと言われている。

トシキ　**まったくもう、どうすればいいんだ〜！**

おときた塾の学び
33

火力や原子力にはそれぞれ大きな欠点がある。風力（自然エネルギー）には致命的な欠点はないが、不安定なのが問題。

じゃあ、付き合うなら誰？　原発問題の「とりあえずの結論」を決めるには

おときた　このように、日本はいま原子ちゃん問題に直面しているってわけだ。

トシキ　なるほど。原発って、こういう問題だったのか……。

おときた この問題を解決する方法として、ひとつには、原子ちゃんはヤバいから、全部捨てて、火子ちゃんと風子ちゃんでなんとかやってみよう、という意見がある。

レン **うーん、でもそれだと、社員の給料が高くなっちゃって、しかも仕事をしたりしなくなったりするわけだよね。**

おときた その通り。いっぽうで、やっぱり原子ちゃんも必要だよね、暴走しないように僕たちがしっかりチェックしていればいいよね、という意見もある。

トシキ **これは難しいぞ……！**

おときた あるいは、もう電気を使うのをやめよう、とか。ゲームもエアコンも電車もあきらめて生活しようって。

レン **髪をセットできないのはイヤだなあ。**

トシキ **頼む、それぐらいはなんとかしてくれ！**

おときた で、**結局のところ、どの意見にしてみてもリスクがあるから、ずっと揉めているんだ。**

トシキ **あれ、そういえば3大発電って水力も入ってなかったっけ？**

おときた よく気がついたね。ただ、水力発電の水子ちゃんはあんまり使い勝手が良くなくて、かつては主力の一つだったんだけど、現在は発電総量の1割以下になっている。

レン **それじゃ、いまの日本はどうやって電気をつくってるんですか？**

ドイツが原子ちゃんをクビにした

2011年、メルケル首相が脱原発を宣言し、約半数の原発を停止した。メンヘラ風子ちゃんたちで頑張るドイツだが、デート代（電気代）が急上昇。悩みはつきない

おときた　福島第一原発の事故以来、火子ちゃんと風子ちゃんだけで頑張っているんだけど、9割近くが火子ちゃんだから、その分費用が高くついている状態だね。あとは原子ちゃんを一時的に働かせている地域もある。

レン　じゃあ、ほかの国はどうしてるの？

おときた　いろいろだね。最近、ドイツが原子ちゃんをクビにしたことで話題になったけど、その分の仕事を別の国に外注している部分もあるから、結局自力で電力供給が成り立っているとは言いがたい。

トシキ　これも答えが出ないのか……。

おときた　残念なんだけど、そうだね。**政治というのは、なにが正しいかをはっきり決めることはできないんだ。**毎日悩みながら、〝とりあえずの結論〟を話し合いで決めるしかない。

レン　うんうん、**話し合うって大事だよね。**

トシキ　でもオレ、どの子とも付き合いたくないのにーー！

おときた塾の学び 34

どの組み合わせにしてもリスクがあるため、話し合いながら「とりあえずの結論」を出すことが必要。

レン「うーん、オレは火子ちゃんかなあ」トシキ「いや、どの子もムリじゃない……？」

COLUMN 9

裏庭には置かないで!? 原発の最終処分場問題

寿命や暴走でウイルスを発生するようになった原子ちゃんたちは、一体どこに閉じ込めておけば良いのだろう？ 実はこれが、**まったく決まっていないことが日本の大問題の一つ**なんだ。

原発から出た核廃棄物を捨てるところがない、これを最終処分場問題という。原発から発生する使用済みの核燃料は、有害な放射線を発生しなくなるまで地下300メートルに10万年（！）の安置が必要とされている。これを置いておく場所が決まっていないというわけだね。

じゃあ現在はどうしているかというと、中間貯蔵施設や各原発の中に「一時的に」保管してある状態だ。本来であれば地下深くに埋めなきゃいけないハズなので、この状態の危険性を指摘する声も多い。

それなら、早く最終処分場を決めればいいじゃん！と思うところだけど、これがそう簡単には行かない。「not in my back yard（私の裏庭には置かないで）」という有名な英文があるように、誰もこんな危険な迷惑施設を受け入れたくない。**日本全国の自治体が押し付け合いをして、解決しないままいまに至っている。**でも実はこれ、原発を導入した世界各国共通の悩みなんだ。いまのところ最終処分場は、世界でフィンランドにただ一箇所しかつくられていない（2023年稼働予定）。とはいえ、いつまでもこの状態の先送りはできるはずもないよね。

どう安全を確保し、どのような見返りのもとで、どこで処分を行うのか。これを話し合いで乗り切ることこそ、政治の役割だ。

⑩
限目

公務員制度

日本の政府がイケてないこれだけの理由

公務員組織が抱える時代遅れの悪習が世界から日本を置いてけぼりにする

政府がやることって、なんだかとってもイケてない……そう思ったことはないだろうか。もともとは優秀な人たちの集まりなのに、どうしてそうなるのか？ みんながよく知る「あの部活」を例に考えてみよう。丸ボウズに球ひろい、日本の公務員たちもなかなか大変だ！

ラーメン屋さんに20億の支援!? クールジャパンがイケてない!

おときた　今日は、この国の根深〜い問題のひとつである「公務員」という制度について話そうかな。まず問題、公務員って、日本に何人くらいいるでしょう？

トシキ　えー？

レン　そもそも日本の人口って何人だっけ？

おときた　1億3000万人くらいだけど？

トシキ　じゃあ、1000人！

おときた　少ないなー（笑）。

トシキ　じゃあ、1000万人！

おときた　なんだその振り幅は！　正解は、約340万人です。

レン　思っていたより多い！

トシキ　そう？　少なくない？

おときた　どっちもわかる気がするけどね。国家公務員が約60万人、地方公務員が約270万人。人口と比較すると少ないけど、ひとつの会社だとしたらかなり多い。あのト

国家公務員

国の行政機関などに所属する人々で、この中でさらにハイクラスな人々が「官僚」と呼ばれる。かつてはノーパンしゃぶしゃぶなどで接待漬けになることで有名だった

地方公務員

地方公共団体などに勤務する人々。田舎だと往々にして公務員就職が就活ヒエラルキーの頂点にあることが多く、逆に言うとほかに若い人が勤める先がないという…

ヨタグループの総従業員数ですら30万人ちょっとだから、まさに**公務員は日本最大の組織**だといえるね。

トシキ 彼らはふだんどんな仕事をしているの?

おときた ひと口に公務員と言っても、国家公務員と地方公務員の違いがあったり、おなじ地方公務員でも都道府県庁と市町村役場で違うから難しいけど、基本的には国民の生活のサポートかな。

レン サポートって?

おときた 道路とか公共施設の建設から、戸籍や住民票の管理まで、さまざまだね。大きいところでは、国家予算を組んでいるのも財務省の公務員だったりする。日本を実際に作っていると言ってもいいかもしれない。

トシキ なんか地味だなー。

おときた 派手か地味かでいえば地味だろうけど、問題はやってることがイケてないことなんだ。正確に言えば、**昔はイケてたかもしれないけれど、やり方が時代にあわなくなってきた。**

レン どういうこと?

おときた たとえば、「クールジャパン」って聞いたことはあるかな?

トシキ ありますす! アニメとかですよね。

クールジャパン

日本政府主導による日本文化の輸出プロジェクトの呼称。海外では誰もそんな名称を知らないという説もあり、その時点ですでに失敗してるんじゃ…モゴモゴ

レン　（なんでアニメが冷たいんだろう……？）

おときた　うん、クールジャパンのクールは「イケてる」って意味で、日本独自の文化を国が主導して世界に発信しようとする試みだ。その一環で、ラーメン屋の一風堂に一部では20億円ともいわれる支援をしているんだけど……。

レン　（そういうことか！）

トシキ　なんで一風堂なの？　ほかにも美味しいラーメン屋はたくさんあるのに！

おときた　そう、これには的外れという指摘も多いんだよね。クールジャパンのほかにも、さびれた商店街支援とか、どうみても破綻《はたん》している年金制度の立て直しとかを公務員がしようとしているけど、正直、ほかにやるべきことがあるはずなのに、そうしようとしない。

トシキ　なんか、イケてないなー。

レン　公務員って頭がいい人なんでしょう？　なのに、どうしてイケてないの？

おときた　そこには**ピラミッド型の組織構造の弊害**がある。具体的には、**年功序列《ねんこうじょれつ》**と**前例踏襲《とうしゅう》**と**減点主義**だね。これが公務員組織をイケてないものにしている。

トシキ　ネンコウジョレツとゼンレイ……なんだっけ？

レン　つまり、どういうこと？

おときた　わかりやすくいうと、おっさんがエライ（＝年功序列）、おっさんのやったことを真似しなきゃいけない（＝前例踏襲）、すげーことをしてホメられるより失敗せずに怒られないようにしたほうがいい（＝減点主義）、かな。

レン サイテーじゃん！ そんなの超つまんない。

トシキ なんでそうなっちゃったの？

おときた そうだなあ……。ところでふたりは、野球部って聞くとどんなイメージがある？

トシキ 球拾い！

レン 坊主！

おときた うんうん、そうだね。で、公務員はその野球部みたいなものなんだ。

トシキ・レン またわかんなくなっちゃった！

おときた塾の学び 35

公務員組織の3つの特徴、年功序列・前例踏襲・減点主義が時代に合わなくなってきている。

日本の公務員は「40年続く野球部」そもそもどうして坊主なの……？

おときた　日本の公務員組織を、入ったら40年続く野球部だとしようか。一年生は球拾い、先輩の言うことは絶対。上級生にならないと、部活動の方針に口を出すことすらできない。これが「**年功序列**」だ。

トシキ　わかりやすいけど、ヤダー！

おときた　日本の大学生はだいたい22歳前後で就職して、60歳で定年退職するまで働くから、その間に40年弱時間がある。実際の野球部なら新入生時代は1年間でおしまいだけど、40年続く野球部だと、**ざっと10年間くらいは下積み生活**だよね。

レン　オレ絶対ムリだ……。

トシキ　でもそれじゃ、若手はやる気がなくなっちゃいますよね。

おときた　その通り。それが年功序列の弊害だ。さらに野球部はみんな坊主なんだけど、じゃあなんで、野球部は坊主なんだろう？

レン　たしかに、なんでだろう……ボールに似せようとして？

おときた　それはたぶん違うな（笑）。実際には、とくに理由がないんだ。ずっと前から

続いている伝統だから、自分の代で止められないだけで。

トシキ **えー、そんなのバカバカしくない？**

おときた そう、バカバカしい。**前からあるものを大事にするだけで、新しいことにチャレンジさせない。**思考停止している。これが前例踏襲だ。

レン どうにかなんないんですかね。オレ、髪の毛がないと死んじゃうから坊主にはしたくないんだけど。

おときた （こいつ、やけに髪の毛にこだわるな……）成功体験というか、そうやって野球部が強かった時代を引きずっているんだろうね。でも正直、いまはもう野球部って人気がないじゃない？

トシキ オレはバスケの方がいい。

レン オレはサッカー！

おときた でしょう。はっきり言ってしまうと、**時代の流れについていけないやり方はそのうち人が離れてしまう**と思う。

トシキ でも、一年生がいなくなったら誰が球拾いをするんだろう？

おときた そう、だから質が落ちても、採用することはやめられない。野球部だったら

バカバカしすぎる……。

2年間ガマンすればいいけど、公務員の仕事であれば定年までの数十年は入れ替わらない。

レン　そんな部活ヤダ、絶対入りたくない。

トシキ　(レンの髪の毛を指して)そんな頭をした人、向こうが採用してくれなさそうだけど?

おときた　(笑)。昔は東大卒といえば官僚、つまり国家公務員になる人が多かったけれど、いまの優秀な人たちは外資系の金融機関やマスコミに流れていると言われている。野球部の伝統といえば、ほかにも「ウサギ跳び」ってあるよね。

トシキ　部活でやってるの見たことある。

おときた　あれは間違った練習法だと言われているんだ。ヒザを痛めてしまう。

レン　えーっ、でもオレ、やらされてたよ!?

おときた　うん、まだ一部には残っているようだね。間違っていると知りつつも、「ウサギ跳びは間違っていた」と言うと、大先輩が間違っていたことになるから、なかなか認められない。

トシキ　先輩の下らないプライドのために、どうしてオレたちが苦労しなきゃいけないんだ……!

おときた　**間違いを認めなければ間違っていないことになる。**

公務員＝官僚は間違いを犯さない。 こんなふうに信じこむことを、難しいことばで「**官僚の無謬性《むびゅうせい》**」と言うんだ。

レン なにそのストロング・スタイル……。

おときた 長い伝統をもつ野球部では、失敗や間違いは許されない。だから、スーパープレイをするより失点を犯さない姿勢が好まれるようになる。さらには、間違ったとしてもなかなか間違いを素直に認められなくなる。これが**減点主義**と、その欠陥なんだ。

レン **間違いをしないようにって思ったら、先輩がやってることをそのままやるのがいちばん確実かもなあ。**

おときた その通り！　減点主義は、さっき説明した前例踏襲にも根強くつながっているんだ。さて、冒頭で説明した「クールジャパン」や、商店街支援や年金問題も、これでわかるよね。失敗したくないから、一風堂みたいな「鉄板」のラーメン屋さんを選んでおく。先輩のやっていたことを踏襲しなきゃいけないから、ダメだと思いつつ商店街や年金を維持することに注力する。

トシキ **それもこれもすべて、おっさんが偉いという年功序列のせいでもあるのか……。**

ストロング・スタイル

かつてアントニオ猪木が「今までのプロレスはライダーごっこ」と切り捨て、実力主義を宣言して作ったプロレスの形式。転じて「本気」「ガチ」などの意味になる。

官僚の無謬性

「無謬」とは理論や考えに誤りがないこと。優秀な官僚は間違えてはいけない＝間違いを犯さないという驚異の論理《ろんり》飛躍《ひやく》で誕生した概念。そこがもう間違ってるよ！

おときた　ふたりとも、冴えてきたね。そしてこのような公務員の特徴は、実は日本そのものを象徴しているともいえる。減点主義なんてとくにそうだね。子どもたちも、間違うのが怖くて授業中に手を挙げない。

トシキ　あっ、**オレたしかに挙げないかも……**。

おときた　「最近の若者はチャレンジしない」って言うけど、**日本を実際に作っている人がチャレンジしないなら、そりゃあ変わらないよね。**

レン　**やっぱり、変えないとヤバいよね？**

おときた　うん。昔はこれでもよかったんだけど、国際競争も激しいからね。たとえばアメリカ人とこんなメンタルで競争できるのか、という。

トシキ　**うーん、どうすれば変えられるんだろう。**

おときた塾の学び
36

10年も下積みさせる年功序列制度、新しいことに挑戦させない前例踏襲主義、間違いを認められない減点主義。この3つが原因で、日本は世界から取り残されている。

公務員のトップはナントカ大臣……ってことは、これも政治で変えられる?

おときた じゃあ、財務省とか厚生労働省とか、この組織のトップはだーれだ?

レン えーと、ナントカ大臣?

おときた そうだね、政治家だ。そして公務員は野球部だから上下関係が絶対で、自分たちでは先輩やOBに逆らえない。だから野球部の監督やオーナーにあたる政治家が外部から変えるしかない。

レン **法律や制度を作っちゃえばいいのか!**

おときた その通り。たとえば行政を成果主義にする。20代で課長登用とか。民間にやらせるのもいい。

トシキ **うん、これで変わるじゃん!**

おときた でも残念ながら、成果主義を嫌がる人もいる。「これまで苦労したんだから、自分が卒業するまでは変えさせない」みたいな。

レン **えええ、そんなのズルくない?**

成果主義

頑張った人が頑張っただけの給料・評価をもらえる制度。おもに外資系企業で採用され、1億円プレイヤーでも評価が下がると突然無職になる姿をよく見かける

おときた　でも、頑張らなくても先輩になれば後輩に偉そうにできて、仕事を押し付けることができるというのは、一部の人にはありがたい状態でもある。

トシキ　確かに、友だちにもそういうヤツはいるな……。

おときた　そんなに頑張りたくないという人もいるし、その人の意見も聞くのが民主主義だからね。

レン　なるほど……。

おときた　**いまの公務員制度は、見方によってはただ待つだけのクソゲーだ。**何体敵を倒そうが関係ない。でも、経済成長が停滞して人口も減少しだした以上、このままではいられないだろう。特に若い人たちにとっては、早くから活躍できる場所が多い方がありがたいよね。

トシキ　**それを変えられるのが政治だから、やっぱり選挙に行こうってことになるのか。**

おときた　そうだね。公務員の制度は多くの企業も真似したり、教育現場で消極的なこどもの態度に影響したりしてるから、やっぱり政治はみんなの生活に密接に関わることを話し合っているんだよ。

トシキ　たしかに。こんなクソゲー、早く終わりにしないとな！

おときた　レンくんは大丈夫ですか？

レン　……あっ、ハイ！　大丈夫です！

人口も減少しだした

2011 年からついに、日本も人口減少局面に入ったとされている。この原因を日本人のセックスレスから証明しようとする学説もあるが、真意は定かではない

経済成長が停滞

バブル崩壊後、日本の経済はほとんど成長していない。アジアの中でここ 20 年成長してない国は日本と北朝鮮だけと言われると、そのヤバさが実感できるはず

トシキ 寝てただろ?

レン 寝てねーよ!

おときた塾の学び 37

時代遅れの公務員組織は、政治家が法律を作って外から変えるしかないが、それには若い世代のあと押しが必要。

COLUMN 10

悪名高い「天下り」も、野球部システムの一部!?

公務員に関わる問題といえば、「天下り」という言葉を避けて通ることはできないだろう。公務員・官僚たちの一部が妙齢になると税金の入った行政関係機関にコネを使って転職し、高額な給与や退職金をせしめるという悪名高い行為だ。いろいろと批判が起こって規制をされても、一向になくなる気配はない。なぜならば実はこの天下りも、**この野球部システムの一部となっていて、やめることができないから**なんだ。

年功序列である公務員組織では、若手のうちは割にあわないほど働かされる。ただしそれは、その分の報酬と地位が、年次を重ねれば返ってくるとの約束の上でだ。でも公務員組織の中だけでは、課長職や部長職などのポストの数には限界があって、年次が上がってきた公務員たちのすべてを受け切れない。そこで、組織外の関係機関に転職させて、そこで十分なポストや給与・退職金を支払ってかつての働きに報いるというのが、天下りのほんとうのしくみというわけだ。

だから、このしくみの「出口」である天下りだけを責めても、問題解決をすることはできない。天下りをなくす方法はただひとつ、**年功序列をやめて、若いときから能力や働きに応じた給与をしっかりと支払うこと**。天下り先で結局は税金からお金をせしめるくらいなら、この方がよっぽど国民にも納得感があるだろう。優秀な人材に再び公務員を目指してもらうためにも、政治が最優先で取り組むべき課題のひとつといえる。

●142ページの答え……〈第1問〉持たない、作らない、持ち込ませない〈第2問〉火力、水力、原子力〈第3問〉ピラミッド

おときた「どう、公務員ってイケてないでしょ？」トシキ・レン「ダメダメすぎ!!!」

第二部

実際、政治ってどうなってるの?

ISSUE ③

僕らの生活について

LIFE

給料をもらって、風邪を引いたら病院に行って、家に帰ったら今日あったことを SNS に投稿して寝る。こんななに気ない日常生活のすべてにも、政治が色濃くかかわっていたりする。それがわかれば、政治への関心も湧いてくるはずだ。

保険料って
なんで払わないと
いけないんですか？

パクリってなんで
ダメなんですか？

同じ会社でずっと
働くとなんかいいこと
あるんですか？

時間割

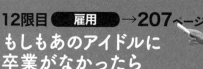

PART 4

知らないとヤバい！

政治の問題

まずはウォームアップ。次の３つの問題を解きながら、今回の講義でとりあげる内容について考えてみよう。

〈第1問〉

生活に困窮している人に対して、最低限まともな生活ができるように金銭的な補助を行う「生活保護制度」。どこに行けば申請できるでしょうか。

〈第2問〉

東京都の最低時給はいくらでしょうか（2016年3月時点）。

〈第3問〉

友達がブログに、「僕は麦わら帽子をかぶると、3倍強くなれる」と書いていました。このように、自分で思ったことを人に伝える自由を「なんの自由」といいますか？

わからんからボケよう思ったら、いいボケが思い浮かばんかった……あかん、関西人失格や!

トキトの解答

〈解答1〉

区役所

〈解答2〉

750円

〈解答3〉

発言

ひっちの解答

〈解答1〉

税務署

〈解答2〉

300円

〈解答3〉

個人の自由

めちゃめちゃ適当に書いたんすけど、どうすか、間違いとは言えないんじゃないっすかね!?

正解は235ページ

ひっち「第3問ってこれ、ルフィのことじゃないっすか⁉　ルフィですよね、絶対⁉」

11 限目

社会保障

“困ったときのドラえもん”が破産寸前!?

頼りすぎて財源不足の社会保障、このままでは若い世代が損することに!

世の中なにが起こるかわからない。でも社会保障のおかげで、万が一のときにも安心だ。でもこの「万が一」が、万が一じゃなくなっているとしたら……？　そのカラクリを、ふたたび国民的ダメ人間を例に考えていこう。のび太くんも自立しないと、しずかちゃんをゲットできないからね!?

「社会保障」ってオレらに関係あるの？
→ないとめっちゃヤバいことになると判明

おときた　ここからは、ふたりにとってより身近なテーマについて話していこう。まずは、社会保障だ。この言葉は聞いたことある？

ひっち　へ？　なにを保障してくれるんすか？　命？

トキト　それ保障されたらハンパないやろ！

おときた　まあ、すごく広い意味ではあってるかな（笑）。正確には、**困ったときに助けてくれるしくみを社会が保障してくれるのが社会保障なんだ。**

トキト　困ったとき……じゃあ、オレがノロウィルスにやられたときに数千円とかで治療できたのって、社会保障のおかげなんすか？

おときた　そうだね。ほかにもいろいろあるよ。会社が倒産したときの失業保険も、事故で後遺症《こういしょう》が残ったときの障害者手帳も、定年になって働けなくなったらもらえる年金も。すべて社会保障だね。

ひっち　へえ〜。オレらってそんなにいろいろ保障されてんだ。ありがたやありがたや

失業保険

ハローワークで申請するともらえる。かつて某ハローワークは大きなくまのプーさんを入口に飾り、利用者たちを「オレたちはプーじゃねえ！」と激昂《げっこう》させた逸話をもつ

障害者手帳

取得すると障害者向けの様々な支援が受けられる。日本では健常者と障害者が接する機会が極端に限られているため、現物を見たことがある人は少ないだろう

……。

おときた じゃあさ、なんでこの制度が必要なんだと思う?

ひっち やっぱ、そういうのあると安心できるからじゃないすか?

トキト なんかあったときに、社会保障があればもう一度頑張れるから、とか。

おときた それもたしかにあるね。ちなみに、ふたりは貯金してる?

ひっち・トキト ゼロです!

おときた じゃあ、万が一働けなくなったときのための準備は?

トキト してないっす。ま、そうなったらそのときってことで。

ひっち ワイルドだな~。でもオレもしてないかな。

おときた じゃあ、ある日ふたりは事故にあって働けなくなったとする。このとき社会保障がないと、まず怪我の治療でかなり高額の治療代を支払うことになる。

トキト ノロのとき3000円で済んだけど、それよりも高くなるの?

おときた 3割負担でその額だから、全額負担だと約1万円だね。しかも、怪我の程度によっては1万じゃ済まないかもしれない。

トキト うお、マジか! 仕事なくなるのに1万はキツいな……。

おときた しかも、社会保障がないから失業保険ももらえないし生活保護も受けられないときた。さて、どうする?

3割負担
残りの7割は保険料および税金で支払われる。これが75歳以上の高齢者になると1割負担となり、お会計は子どもたちに回されるという謎のエコシステムが発動

年金
またの名を国家的ハイパーねずみ講。グーグルで検索しようとすると、「年金　もらえない」「年金　足りない」などの予測変換が並ぶ地獄絵図を見ることができる

トキト　これは……。

ひっち　**死ぬしかない……。**

トキト　死ぬぐらいやったら、みんなで暴動起こそうや！　国会襲撃！

ひっち　それか、ホームレスかなあ。

おときた　そうすると、社会が不安定になるよね。だから、**社会を安定させるために必要なのが、社会保障によるサポートだってわけ。**

ひっち・トキト　なるほど！

おときた　じゃあ、いまの日本の社会保障がどうなっているかを知ってもらいたいんだけど、これがまあ、**ポンコツのドラえもん状態**なんだ。

ひっち　ドラえもんがポンコツ!?

おときた塾の学び 38

社会保障は、困ったときに適切な支援を受けられるしくみ。それがないと、社会が不安定になる。

生活保護

有名芸人の母親が不正受給して一躍有名になった例のアレ。パチンコ利用などのダークサイドばかり強調されるが、人々の命を守る最後の砦《とりで》としてガチで重要

社会保障は「ドラえもん」甘やかされたのび太はどんどんダメ人間に!?

おときた　さっきも登場したように、のび太くんはダメ人間だ。そして、のび太くんにとってのドラえもんは、まさに社会保障にあたる。

トキト　確かに、困ったときに助けてくれるといえば……!

おときた　そう。ドラえもんはたくさんのひみつ道具を使って、のび太のピンチを救ってくれるよね。でももし、**ひみつ道具を使うたびに、その修理でドラえもんがお金を払っていたとしたら……?**

ひっち　あんなにひみつ道具を出したら、**大赤字になっちゃうじゃん!**

おときた　そう、ひみつ道具を使う回数が少ないうちはよかったんだけど、のび太が次第にドラえもんに頼りっきりになってしまって、ドラえもんのお金が底をついてきたんだ。そのせいで、ドラえもんはもうひみつ道具を気軽に出せなくなってきた。

トキト　ってことは、**オレたち国民が社会保障に頼りすぎたせいで、日本は大赤字になってしまってる**ってこと?

ひっち　のび太ってオレらのことだったのかー!!

おときた　ただし、頼りきっているのはふたりのような若い世代というより、むしろお年寄りのほうなんだけどね。

ひっち　たしかに、お年寄りが待合室でおしゃべりしたいがために、全然元気なのに病院にかかるって話、聞いたことある。

おときた　そうそう。でも、そのお年寄りが1割負担だとしたら、残りの9割は税金と保険料でまかなわれているわけだよね。のび太に頼られれば頼られるほど、ドラえもんの財布からはどんどんお金が出ていく……さて、困ったドラえもんはどうしたと思う？

ひっち　頼ってくるのび太に修理代を請求した、とか？

トキト　のび太に金をせびるドラえもんって、なんかえげつないな（笑）。

おときた　本来はそうだよね。だけど違った。**ドラえもんは、ノビスケとかセワシとか、のび太の子孫からお金をもらうことにしたんだ。**なんでかわかる？

トキト　実はドラえもんはのび太に弱みを握られてた、とか……？

ひっち　（急に声色を変えて）のび太「ドラえもん、キミがこの僕にお金を要求するなんて、まさかそんなこと考えてるわけじゃないよね？」、ドラえもん「ひっ、いや、もちろんそんなことは……」、のび太「それならいいんだ、それなら」……みたいな？

トキト　あっ……それって、ドラえもんが政治家でのび太がお年寄りだったら、完全に

（社会保障に頼りきっているのは）むしろお年寄り

日本の社会保障費はすでに100兆円を突破し増え続けているが、このうち7割は高齢者関係給付金である。国家税収を突破してる社会保障費って、なにその矛盾

さっきと同じ話やん！　お年寄りの支持を失いたくないから、政治家はビビって先送りする。

おときた　そう。こうなった原因はなんだと思う？

トキト　もちろんのび太が悪いんやけど、ドラえもんがビビって甘やかしすぎたのもアカンでしょ。

おときた　そうだね。本来はのび太は、自分の力でテストで100点をとるように努力しなきゃいけない。でも、ドラえもんが助けてくれるから、それをしなくなってしまったんだ。

ひっち　**本物のダメ人間だ……！**

おときた塾の学び 39

みんなが社会保障に頼りすぎた結果、日本の財政は大赤字に。しかしお年寄りの支持が頼りの政治家は、問題を先送りする。

ポンコツになったドラえもん、どうすれば今後も友だちでいられるの？

ひっち じゃあもう、ほんとうにヤバいときしかドラえもんを使っちゃダメだな！

おときた そうなんだよ。人類滅亡クラスのピンチしか使えない、という取り決めをしなければいけないくらい、ドラえもんはいま大赤字になってしまっていると思ってもらっていい。それが最初の方の授業でやった、８００兆円の国の借金を生んでしまっているってわけだ。

トキト そもそも、オレらが使える社会保障ってあんまなくないすか？　オレだって、学費全部奨学金で借りてるし。

ひっち えっ、奨学金は社会保障じゃないの？

おときた 本来はそうあるべきなんだけど、トキトくんのケースみたいに日本は貸付型の奨学金が多いから、それだとただお金を借りてるだけで社会保障ではないかな。

ひっち じゃあ、せめて社会保障で返済不要にしようよ！

トキト ホンマそれ！　でもどうせお金ないんやろ？

おときた 残念ながらね。もしこれを実現できたら、それこそ若い世代のためになる施

貸付型の奨学金

返済に苦しむ若年層が社会問題化しており、単に奨学金の名を借りた学生ローンと悪名高い。有利子奨学金でうっかりお酒を飲んだりすると、将来苦労するぞ！（マジで）

策なんだけど、なかなかそこまで勇気のある政治家がいないのが現状だね。ちなみに日本は先進国の中で、トップクラスに教育費に予算を使っていない国なんだ。諸外国ではすでに、大学まで教育費無償という国もあるのにね。

ひっち　さっき、社会保障に頼ってるのはお年寄りだって言ってたから、そのせいでオレらの世代には使われなくなってるってこと？　お年寄り向けの社会保障か、オレたち向けの社会保障か、どちらか片方にしか使わないとか。

おときた　まさに。**財源は限られているから、お年寄り向けに医療や福祉の社会保障を充実させるか、若者向けに教育費を無料にするか、現実的にはどちらかを選ばなきゃいけない。**君たちがもし政治家だったら、どっちを選ぶ？

トキト　そんなの、若者向けに決まってる！

おときた　でもさ、もしトキトくんが60歳だったら？

トキト　うーん、やっぱり自分が受けられへんのは損な気がするし……お金がギリギリなら、自分が政治家やってるあいだは変えたくないかなあ。

おときた　まさにそれだよ。いまの国会議員の平均年齢って55歳ぐらいだから、多くの政治家は自分はそのまま逃げきれるって思ってるわけだ。

ひっち　それじゃ、若い政治家を選んだほうがいいってこと？

トキト　若くて、こういうのを先送りしない勇気のある政治家。

おときた　そういう政治家には、まさにふたりのような若い世代の支持が必要だね。じゃないと、お年寄りの支持を得られないから選挙で落ちちゃう。ちなみに65歳以上は選挙権なしにする、なんていう案も世界には存在するけど、それをしたら世代間の全面戦争になるだろうね（笑）。

トキト　やっぱり、オレらが選挙にちゃんと行くしか、解決する方法がないみたいやな。

ひっち　ポンコツになったドラえもんを救うために！

おときた　それと、社会保障の存在を前提にしない生き方をすることも大事だね。

トキト　オレらも、ドラえもんに頼ってばっかじゃダメってことやな。

ひっち　ドラえもんはいいヤツだからさ、ほんとうに必要なときだけ頼って、大事にしようよ。……ゴホゴホっ！　あれ、風邪かな？　帰りに病院に……。

おときた・トキト　体調管理！

オレの助けが必要なんだな⁉

おときた塾の学び ㊵

社会保障は財源の奪い合い。若い世代の配分を増やすためには政治に参加して政治家を応援することが必要。

COLUMN 11

「大きな政府」と「小さな政府」

突然だけど、みんなはどんなことを国や政府に期待するだろうか？　若いから、「特に期待することなんてない！」という人もいるかもしれない。そういう人たちが好むのが「小さな政府」という考え方だ。政府の役割はなるべく最小限にして、その分税金は安くしてもらう。**自由に使えるお金は増える代わりに、病気や怪我などなにかあったときは自己責任になる。**アメリカ人が好む考え方はこっちだ。

逆に医療や介護、老後の年金など、**あらゆる福祉を国が面倒見て欲しい、その代わりに税金は高くてもかまわない**とするのが、「大きな政府」という考え方になる。この授業で見てきたように、日本の社会保障は高齢者を中心にかなり充実していて、大きな政府に分類される国家だと言える。欧州諸国は、総じて大きな政府を掲げている場合が多い。

どちらにも一長一短があって、普通は国内に大きな政府VS小さな政府という対立軸が存在し、実施される政策のバランスを取っていく。だけど日本の政治家たちは、**みんながみんな大きな政府よりの考え方だった**んだ。税金はそれほど高くないのに、社会保障制度は欧州並み。これじゃ、諸外国と比べて借金が凄い勢いで増えるのも当然だ。

現状を維持しようと思うなら、数十パーセントレベルの消費税が必要だし、そうでなければ小さな政府路線で自立するしかない。「ただ乗り」は存在しないということを、少なくとも僕ら若い世代は知っておきたいところだね。

⑫

限目

雇用

もしも あのアイドルに 卒業がなかったら

日本企業をダメにした 2つの「長所」について

「正社員になれない」「ブラック企業に就職してしまった」……そんな若い人たちの悩みは、実はある制度と非常に深く関連している。今回は、おなじみのアイドルグループでその問題を考えてみよう。日本を代表するアイドルたちは、世界を相手に闘うことができるだろうか!?

もし、アイドルに卒業がなかったら……？ 日本企業的進化を遂げるモー娘。

おときた　ふたりはいま、それぞれどんな仕事してるの？

ひっち　ファッションデザイナーっす!!　「KinCrossWorld」っていうんで、よろしく！　ウェブで情報載せてるんで、詳しくは……

トキト　（割って入る）オレは「ZOLA」っていうボーカルグループやってまーっす。最近ミニアルバムを出しまして、タイトルは……

ひっち　（トキトの口をふさいで）おいトキト、自分だけ宣伝しようったって、そうはさせん！

トキト　（抵抗しながら）うぐっ、そっちが先に始めたんやろ！

おときた　いったい誰に向かって宣伝してるんだ（笑）。じゃあふたりとも、会社員って感じじゃ全然ないんだね。まあ、こんな髪の色してて会社員も務まらないか……。

ひっち　でもオレ、昔アパレルで正社員やってたんすよ！

おときた　おお、それは失敬。よし、それじゃ今日はひっちくんの正社員時代を例に……。

ひっち　あ、でもこの前潰れました。

今回は仕事のお話です。

おとときた　ガクッ。
トキト　えーっ、マジで⁉
おとときた　いや、むしろタイムリーかもしれない。実際、いまの日本の雇用《こよう》はいろいろとガタが来ていてね……という話をしようとしていたところだから。フリーターが増えているって話とか、聞いたことない？
トキト　ああ、夢追い人のこと？
おとときた　えー、まあ、正確には非正規雇用っていうんだけど（笑）。これ、どうしてだと思う？
ひっち　かなえたい夢がたくさんあるから？
おとときた　そんなピュアな目で言われても……。現実を言うと、日本の会社の２つの特徴が関係しているんだ。なんだと思う？
トキト　うーん、セクハラと残業？
おとときた　すごい偏見だな！　正解は年功序列《ねんこうじょれつ》と終身雇用《しゅうしんこよう》です。
ひっち　ネンコウ……なんだっけ、それ？
おとときた　**年功序列は、年をとるほど偉くなって、給料も高くなる制度。終身雇用は、定年まで同じ会社で働けるという制度。**どちらも海外の企業ではあまり見られない、日本企業の大きな特徴だね。

非正規雇用

いわゆる派遣社員を指すことが多い。就職氷河期時代に正社員になれなかった世代に多く、某政党がつくった「夢は正社員！」というCMに、文字通り全日本が泣いた

トキト　**なんや、めっちゃいい制度やん！**

おときた　一見、そう思えるんだけどね。ところがこの2つの制度が原因で、さっき言った非正規雇用の増加みたいな問題が増えているんだよ。

ひっち　**いい制度のはずなのに、なんで？**

おときた　じゃあ、**「もし、アイドルに卒業がなかったら」**という設定のパラレルワールドについて想像してみようか。

トキト　**卒業がないアイドル……？**

おときた　そしてその世界では、アイドルグループ「モー◯ング娘。」が人気だとしよう。略してモー娘。と呼ばれている。

トキト　**なんかめっちゃ聞いたことあるぞ！**

おときた　現実世界でアイドルグループといえば「卒業」して新陳代謝《しんちんたいしゃ》するものだけど、この世界ではそれがないんだ。さて、どうなっていくと思う？

ひっち　**全員、おばさんになります！**

おときた　まあ、そうだよね（笑）。このパラレルワールドでは、アイドルを続けたい限りはずっとアイドルを続けられる。だからセンターはモー娘。に入った順の早い人がなってる。

ひっち　**じゃあ、新メンバーはどうするの？**

おときた　センターポジションのメンバーのバックダンサーだ。でも、現実のＡＫＢのように「選挙」とか「クビ」とかはないから、頑張ってバックダンサーをしていれば、だんだんセンターに近づけるようになってる。

トキト　なるほど、入ってしまえば安心、ってわけか。

おときた　そう、これなら、最初はバックダンサーで人気も上がらず、給料も安くても、いずれはセンターになれるから、次第にいい感じになれる。

ひっち　競争もないし、ギスギスしないだろうしね。

おときた　そう、**まさにこれが日本企業の姿だ。一度入社したらクビになることはなく、年をとるほど偉くなる、と。**

トキト　なるほど。でもそんな制度、うまくいくんやろか……？

ひっち　よく考えると、センターに来るころにはみんなオバサンになってるんだよね……。

おときた　ベテランの味で勝負ってとこかな。でも、そうこうしているうちに、モー娘。の勢いがなくなってきた。ＣＤ不況もそうだし、ほかの新しいグループが台頭してきたというのもある。そうすると、モー娘。にだんだんとボロが出はじめた。なぜなら、「卒業」がないからなんだ。

おときた塾の学び 41

日本企業の2大特徴とは、年功序列と終身雇用。年をとるほど偉くなって、定年まで同じ会社で働ける。

原因は「CD不況」!? かわいいアイドルが全滅しちゃうかもしれないワケ

おときた　CDは売れない、コンサート会場にも人が来ない。それなのに、卒業をしないモー娘。メンバーたちの人数はどんどん増えていく。しかも歳をとればとるほど給料が上がるから、オーナーは経営を維持するのがキツくなってきた。

トキト　せやったら、その制度、やめたらいいんとちゃう?

おときた　ほんとうはそうなんだ。でも、やめられない。なぜなら、**「もう少しでセンター」というメンバーはいまそれをやめられたら困る**からだ。給料も高いしね。

ひっち　またそのパターンかよ!!

おときた　そのかわり、モー娘。は新規採用をストップすることにした。でも、脇役が増えなければ、そもそもセンターという存在が成立しないよね。そこで、臨時メンバーを雇いはじめたんだ。

ひっち　どっかで聞いた話やな……。

トキト　ああ！　フリーターや派遣社員を雇うのと一緒やね。

おときた　正解。それでなんとか体裁《ていさい》をたもって、「モー◯ング娘。」って言い張っていたんだ。でも、正規メンバーが増えないことが大きな問題となってきた。

トキト　その世界やとAKBとかももクロも同じで卒業がないから、どこもそのうち新規採用をやめるんやろうな。……そうすると、アイドルになれる女の子がおれへんくなるんやない？

ひっち　**なんて夢のない話だ……（涙）。**

おときた　でもそれだけじゃなくて、このシステムは競争がないから、社会主義的だよね。5限目でやったことを思い出してほしいんだけど、競争がなくなることで人間はどうなるんだっけ？

ひっち　頑張らなくなる！

おときた　そう、**頑張らなくなったアイドルの女の子たちは、メイクをちゃんとしなくなり、どんどん太っていってしまった。**

夢のないアイドルなんて……。

ひっち　**それはアイドル失格でしょ！　ファンの子たちに夢を見せなきゃ……。**

おときた　ＣＤは売れない、若い新規メンバーは増えない、既存のメンバーは歳ばかりを重ねて劣化する。するとＣＤがますます売れなくなって、負のスパイラルの完成だ。

トキト　**そもそも、なんでこんなシステムが成立してたんやろ？**

おときた　いい質問だ。それは、昔はいまよりもＣＤがめちゃくちゃ売れていたから。だから新しく雇い続けて、規模がどんどん大きくなっても問題なかったんだ。

トキト　**でも、いまはＣＤが売れへんから、そういうわけにはいかんくて困ったことになったのか。**

おときた　あとは、海外との競争もあるよね。日本の国内では競争がなくても、そもそもアイドルがおばさんばっかりになっていったら、どう思う？

ひっち　**頑張って応援し続けたいけど、オレ、けっこう厳しいかな……。**

トキト　**しかもさ、韓流アイドルとかはバリバリ競争社会やから、ものすごいレベル高くて若いのが日本に乗り込んでくるんやない？**

おときた　そう。そして、人気が落ちてきたメンバーをクビにしたくてもできない。**日本の法律は厳しいから、一度正社員にしたら、よほどのことがないと、クビにすると訴えられて負ける**んだ。

トキト　**それ、雇う側は怖くなるやんね。**

CDがめちゃくちゃ売れていた

高度経済成長期とバブル期のこと。宇多田ヒカルのCDが900万枚売れた時代が戻ってこないのと同様に、あの栄華を極めた日本もたぶん戻って来ない……

おときた そう、景気が良ければ新メンバー加入も適当でよかったけど、不景気になると「ガチでかわいいか」「ダンスができるか」とか真剣にチェックしだすから、アイドルになりたくてもなれない女の子が続出する。実際、東芝みたいな大企業ですら新規採用をやめてしまったしね。

ひっち ヤバい、もう崩壊しかけてる。

おときた塾の学び 42

経済不況を背景に、終身雇用と年功序列が災いして新規採用の停止、非正規雇用の増加が起こりはじめた。

ブラック企業もこうして生まれる！ キーワードは〝ふれきしきゅりてぃー〟

おときた ちなみに、ブラック企業が生まれる原因も同じだと言えるんだ。

ひっち そういえば、オレが前にいた会社、めちゃくちゃブラックだった。

(大企業が) 新規採用をやめてしまった

中高年の正社員をクビにすることが極めて難しいため、赤字企業は真っ先に新卒採用を抑制する。後輩が入ってこない若手社員は、永遠に宴会担当になるハメに……

ブラック企業

長時間の残業や、過度なパワハラが横行している企業のこと。しかしその判別は難しく、「ブラック企業でした」と言ってやめた若者の心の闇の方がブラックな場合も

トキト　えー、そうなん？　オレやったら、そんなとこすぐ辞めて別のとこ行くけどな。

おときた　それがそう簡単でもなくて。さっきのパラレルワールドで「モー娘。を辞めてももクロに行きます！」と言ったとして、行けると思う？

トキト　そうか、ももクロも新メンバー募集をやめてるかもしれへんから、できないんか。

おときた　そう。このように、**どこも新規の採用をしない状態を「流動性が失われている」と言うんだ。**これだと、どんなにブラックでも、その会社に残るしかなくなるよね。

ひっち　不満があっても我慢して働かされちゃうんでしょ。オレが前にいた会社とまったく同じだ……（涙）！

おときた　この解決策、実は簡単なんだけど……さっきトキトくんも言ってたよね。

トキト　「終身雇用をやめます！」って宣言する？

おときた　その通り。**法改正をして、「終身雇用を廃止して、クビを切っても罪に問われない」とすればいい。**一社だけやめても意味がないからね。

ひっち　なんでそうしないの？

おときた　これも繰り返しになるんだけど、終身雇用を崩すと困るヤツがいるんですよ。

ひっち　ぐぬぬ……。

おときた 大企業や公務員の一部の、社会ランクが上の人たちは、ぬくぬくと椅子に座って自分の番を待っている。で、割りを食うのは若い世代、と。

トキト **なんか、もう、若い世代やめたい。**

おときた 政治にはこういう問題が多くてね。どこかに得をしている人たちがいると、問題があってもやめられないんだ。

ひっち でもさ、グループの人気のことを考えたら、頑張れば頑張るだけ、バックダンサーからセンターに行ける、っていうしくみのほうがやる気出るから、いいんじゃない？

トキト オレもそっち派。このしくみやと、頑張っても頑張らんくても変わらんから、会社全体の成績、下がっちゃうやろ。

おときた そう、それこそが最近、日本企業が海外の勢いに押されてダメダメな理由だね。ただし、この制度を廃止にすると、若者が不利になる可能性もあるよ。

ひっち ええっ、どうして!? オレ、やる気十分っすよ？

おときた **企業が即戦力を必要とするようになる**からだ。まだスキルや経験のない新卒より、脂の乗った30代とかを採用するようになるだろうね。

トキト それでも、オレは実力主義がいいなー。もし自分が競争に負けたとしても、実力がある人が上に行ってるほうがいい。

ひっち　そうそう、大して頑張ってない奴が偉そうにしてるほど腹立つことはない！
おときた　あと、**年功序列や終身雇用は女性に不利なんだ。**
ひっち　あっ、子どもができるから？
おときた　その通り。産休や育休の期間は当然働けないし、途中で退職すると戻って来られない。そもそも男性を想定して、長く続けることが前提で作られたシステムだから、時代にあってないんだよ。
トキト　やっぱり実力主義や！　競い合ってなんぼやろ！
おときた　でもね、ただ競争させればいいってわけじゃないんだ。人気がなくなってきたら片っ端からバッサバッサとアイドルがクビにされて路頭に迷っていたら、かわいそうじゃない？
トキト　まあ、確かに……。
ひっち　やっぱり夢のない社会だ……。
おときた　だからそれを解決するために、先進国の中には**「フレキシキュリティー」**っていう言葉があるよ。
ひっち　ふれきしきゅりてぃー？
おときた　**自由にクビにしてもいいけど、ハローワークみたいな再雇用のサポートを充実させる。**フレックスとセキュリティーを組み

合わせた造語だね。

トキト それ、すごくいい！　でも、そういうの実現させるにはオレたちがしっかり意見を言っていかないといけないんやろうな。

おときた 会社や組織に頼らない生き方をすることも重要だろうね。

ひっち み、耳が痛い……。

おときた塾の学び 43

解決策は、法改正をして終身雇用の前提をなくすこと。雇用の流動性を高めて、女性も活躍できる社会に。

COLUMN 12

正社員という「特権」を失くし、流動性の確保を！

個人的な話だけれど、この授業で触れた「雇用の流動性」を高めるということは、僕が政治家としてもっとも成し遂げたい政策の一つだったりするので、ここでも改めて解説したい。

そもそも日本の「正社員」という考え方は、極めて不自然な概念だ。一度正社員にさえなれば、年功序列で終身雇用。どんなに業績が悪くてもクビにできないことから、外国人の一部は**「日本にも貴族階級がある、それは正社員だ！」**なんて揶揄されるほどだ。これが引き起こしてきた問題点は、授業で触れたとおりだね。

そしていまの若者や貧困層は、この正社員になることができないわけだけど、その根本的な解決策は**「正社員という存在そのものを無くすこと」**だ。誤解を恐れずに言えば、全員が契約社員になる。企業がその人を雇い続けるかどうかは、労働内容の契約次第だ。

一見厳しい社会に思えるかもしれないが、欧米社会ではこれが当然のこと。**クビになるリスクがある分、能力や意欲があれば受け入れる会社も多い。**若者にも女性にも平等にチャンスが巡ってくるから、世代間格差や性差もいまほど生じることはなくなるはずだ。さらに人材の切磋琢磨が起こるので、国際的な競争力は高まるに違いない。

授業で触れた「正社員を自由にクビにできる法改正」はその第一歩に過ぎない。「就職したら一生安心」なんて時代が過ぎ去ったいま、時代遅れな貴族階級には別れを告げる「労働維新」が、いまこそ求められているといえるだろう。

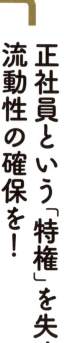

13

限目

表現の自由

戦闘モードのベイマックスが表現の自由を奪う!?

制限されるとヤバい表現の自由がいま危機にさらされている理由

話し合いで意見をまとめていく民主主義において、言いたいことが言える「表現の自由」はもっとも大切な権利の一つ。今回は、みんなの身近なことを例に考えていこう。空気のように当たり前にある権利だからこそ、実は侵害されると大変なことになる。

「表現の自由」が侵害《しんがい》されると、美人コスプレイヤーがいなくなっちゃう!?

おときた　ふたりは普段、Twitterとかやってる?

ひっち　やってますよ。新作の発売情報とか流したり、イベントの告知とかしてます。

トキト　オレも。たまにどうでもいいこともつぶやくけど(笑)。

おときた　じゃあ、もし仮にだけど、日本で急に「ギャル男取締法」とかできて、ふたりのTwitterアカウントが突然凍結されたらどうする?

ひっち　えー！　オレがなにつぶやいたって自由じゃん！　新作紹介できないの困るし、断固抗議するな。

トキト　ふざけんなって思うわ。近況報告できひんとファンのみんな寂しがっちゃうから、オレも抗議する。

おときた　だよね。いまの日本でそんなこと起こりっこないと思うかもしれないけど、実はお隣の中国では実際に起こってることなんだ。

ひっち　えーっ、なんで!?　もしかして、中国人はギャル男嫌いなの?

おときた　まあ実際の中国の場合はもちろん、ギャル男取締法ではないよ。中国の偉い人たちが、自分たちを批判されることがとにかく気に食わなくて、そういうやつは全員逮捕だって決めているみたいなんだ。捕まって、そのまま帰ってこない人も山ほどいる。

ひっち ひええ、恐ろしい……！

トキト オレ、中国には絶対住めないな……。

おときた でしょう。日本はいまのところそういうことはないって言われているんだけど、それは**「表現の自由」が憲法で保障されている**からなんだ。

ひっち 表現の自由？

おときた そうだね、僕たちが思ったことを自由に発言する権利のことだ。実はこれは、**人間の生死をわけるくらい、社会にとって大事な権利**なんだ。

トキト うーん、でもふつうに日本で暮らしてるぶんには、あんまり関係なさそう。

おときた そうか……。じゃあ、表現の自由がなくなると、美人コスプレイヤーがいなくなるかもしれないって言ったらどうかな？

ひっち **それは困る。ぜひやめてもらいたい。**

トキト ええっ、そこそんな食いつくとこ……？

ひっち **うん、ぜひやめてもらいたい。**

おときた ありがとう、コスプレ業界もたぶん喜ぶよ（笑）。でも、トキトくんはまだあんまりピンときてないみたいだね。

トキト **だってオレ、コスプレとかあんま興味ないし。**

おときた じゃあ、こう言われたらどう思うだろう？ 誰でも一度は観たことがあるであろうドラえもんの世界でも、実は表現の自由が失われているときがある。

トキト **あんなほのぼのしたアニメやのに？**

おときた よく思い出してみよう。のび太たちはときどき、ジャイアンのリサイタルに参加していたよね。ジャイアンの歌といえば……？

ひっち **ヘタです！ 耳の神経がどうかしてると思います！**

おときた それ、ジャイアンに言える？

トキト **言ってもええけど、言ったら即殴られるやろうな。**

おときた そう、だからのび太たちはひみつ道具を使ってまで、なんとかリサイタルをやり過ごそうとする。「ジャイアンの歌はヘタだし、聞きたくない」と直接言えばいいのに言えないというのは、これはある意味、表現の自由がないってことなんだ。

トキト **なるほど、表現の自由ってそういうことか。でも、それで誰かが死ぬってわ**

けやないからなあ……。やっぱり、あんまり大したことやないって思ってしまう。

おときた　じゃあ、たとえじゃなくて現実の話をしようか。これまでふたりに話してきたように、財政とか年金とか、いまの政治がいかにヤバいかっていうことを誰かに言った場合に、ジャイアンのような権力者に取り締まられるとしたら？

ひっち　さっきの中国みたいなこと？

おときた　そう。**ヤバいってことにみんなが気づいてなくて、でも言えないからいつまでたっても誰も気づかない。**それで、このまま社会は変わらなくていいって思ってしまうとしたら、どうだろう。

トキト　そうか、社会保障とかって命にかかわる問題なのに、知られないままだと大変なことになる……！

ひっち　表現の自由、やっぱ大事！

おときた　ようやくピンときたみたいだね。ただ、表現の自由が100パーセント保障されていればいいかっていうとそんなこともなくて、しかたなく規制される場合もあるんだ。

トキト　へえ、全部守られてるほうがええんかと思ったけど……？

ひっち　しかたなく規制……ひょっとして、下ネタ!?

トキト　エッチなビデオにはモザイク入ってるしな。

おときた　そうそう、あれってムカつくよね！……って、実はその話も無関係じゃないんだけど、今日は別の例で話を進めようか。

おときた塾の学び 44

表現の自由とは、思ったことを自由に発言する権利のこと。これが制限されると、命にかかわる問題になる。

著作権《ちょさくけん》は「ベイマックス」戦闘モードになると恐怖の殺りくマシーンに！

おときた　まずは、他人の権利を侵害しないことだね。いくら表現の自由があるとはいえ、「ジャイアンは歌が下手だから人間じゃない」なんて言えば、それはその人の名誉《めいよ》を侵害《しんがい》した名誉毀損《きそん》になる。

ひっち　なんかわかんないけど、よくない感じがする！

その話も無関係じゃない

芸術作品なら、エロスを強調していてもモザイクは必要ない。公共の秩序などを理由にAVにはモザイクが施されるが、表現の自由を論拠に撤廃を主張する人もいる

名誉毀損

これですぐに訴えたがる人は多いが、私人同士のイザコザでは弁護士代の方が高くつく。大手マスコミにディスられるほどの大物になってから訴えたいものである

トキト　でも、その線引きって難しくないすか？　どこからが侵害かって、誰がどう決めるんやろ？

ひっち　たしかに、ジャイアンはほんとうに人間じゃない可能性もあるしな……。

おときた　いや、人間だと思うけど……。それは、警察とか裁判所とか、つまりは国が決めているんだ。その基準を彼らに任せっぱなしにしていると、いつのまにか政権の批判すらもＮＧにされてしまうかもしれない。

トキト　批判ができないってことは、政府がやりたい放題できるようになって……。

ひっち　独裁国家になる！

おときた　その通り。そうならないように、**できるだけ自分たちのモラルの範囲で線引きをして、権力をなるべく介入させない、というのが基本の考え方**になるかな。だから、この言葉を言ったら逮捕、というような明確な決まりにはなっていない。

トキト　ホンマに微妙なさじ加減やな……。

ひっち　ほかには？　美人コスプレイヤーはいつ出てくるの？

おときた　覚えていたか（笑）。それが出てくるのは**著作権侵害**だ。**他人の作品とか表現を勝手にパクる行為**だね。

トキト　それじゃ、YouTubeでアニメとか音楽を勝手にアップロードするのもそう？

批判できへんのはヤバいな。

おときた　もちろん著作権侵害だ。ここでは表現の自由は規制される。そもそも、ほかの人が作ったものだからね。さて、ひっちくんお待ちかね……コスプレはパクリになるでしょうか？

ひっち　**エロいのがあるから、もちろんOK！　エロは正義!!**

おときた　どんな理由だよ！　もっと、表現が似ていないからとかいろいろあるでしょうに……。

トキト　**ホンマはアカンってことですよね？**

おときた　その通り。同人誌のような二次創作もそうだけど、ああいうのは厳密に言えば、原作者の著作権を侵害している。でも、捕まらないのはなんでだと思う？

ひっち　**同人誌のほうがエロいから……？**

おときた　エロはいったん忘れよう？　これは難しいから答えを言ってしまうと、**著作権侵害が親告罪《しんこくざい》になっているから**、だね。

ひっち　えっ、深刻罪……？

おときた　うん（なんで急に深刻そうな表情になったんだろう……）。**パクられていても、著作権を持っている人が怒らなければOK**、ってことだ。パクるのは決していいことではないんだけど、黙認する人も多いから、罪に問われない場合がある。

同人誌

筆者（おときた）が思春期の頃は、「エヴァンゲリオンの失楽園」なるエロ同人誌が大ブームを巻き起こし、原作を忘れさせるほどの衝撃があった。シンジくんが 14 歳だなんて…

トキト たしかに、宣伝にはなりそうやもんな。YouTubeがきっかけで作品やアーティストのファンになることもあるし。

おときた だから、イメージはベイマックスみたいなものだと思ってもらえばいいかな。あのロボットは、助けを求めない限りは出てこないし、自分から決して人を傷つけないよね。

ひっち そうそう、なのに、「ベイマックス、もう大丈夫だよ」っていう命令に逆らう最後のシーン、いま思い出しても泣ける……。

おときた いっぽう、**海外では著作権侵害は非親告罪**だ。この場合、**著作権を持っている人が怒ろうが怒るまいが問答無用で捕まる。**

ひっち 戦闘モードのときのベイマックスみたいだ……!

おときた その怖いベイマックス状態なのが、海外の著作権だ。でも最近、日本も海外にあわせて非親告罪にしなければいけないのでは？という議論が活発になったんだ。

トキト そうするとどうなるの？

おときた コスプレとか同人誌が、オリジナルの著作権を持ってる人が別に怒ってなくても、ほかの誰かが通報したら逮捕されるようになる。

トキト じゃあ、ライバルの同人誌を潰したかったら、こっそり通報すればいいって

ベイマックス

大ヒットディズニー映画で、主人公のヒロを守る心優しいケア・ロボット。形はいわゆる肥満体型で、彼の人気は全国の中年男性に夢を持たせた。なんのだよ

戦闘モードのときのベイマックス

プログラムを入れ替えると、ターゲットが死滅するまで容赦なく攻撃し、邪魔するものは敵味方関係なく排除する。大人しい人ほど、キレたときに怖いという典型例

ことか。

おときた　そう。そしてそれがヒートアップすると、誰も怖くてコスプレできないし、同人誌もつくれなくなっちゃうってことだ。

ひっち　エロは正義なのに〜！（涙）

おときた塾の学び 45

表現の自由は、著作権など他人の権利を侵害するときには制限されるが、非親告罪になるとコスプレ文化などが潰れる可能性もある。

NGワードでスパイにされちゃう!?「表現の自由」がヤバい！

ひっち　美人コスプレイヤーさんがいなくなるなんて……（涙）。

トキト　でも、コミケとかって一日に数十万人が参加するから、それで潰れたらもったいなくないすか？

おときた　そうだね、経済を動かせるほど日本に定着しつつある文化だものね。コス

コミケ

コミックマーケットの略称で、日本最大の同人誌即売会。会場の周辺には多彩で際どいコスプレイヤーたちが集まり、会場内に入らなくても満足できる（？）

（コミケは）経済を動かせるほど

その経済規模は一回の開催で数百億円と言われている。ちなみに来場者数は過去最大で59万人を突破し、鳥取県の総人口を上回っている。鳥取県、頑張れ！

プレもそうだし、あとはモノマネもNGになるかもしれない。ニコニコ動画の「踊ってみた」や「歌ってみた」もNGだ。学園祭でコピーバンドを組むのもダメだね。

ひっち **リスペクトでもダメ? オマージュとか。ファッションの世界だとそういうのよくあるから、それができなくなるのも問題だな……。**

おときた そのあたりはニュアンスだから、難しいところだけど。ちなみにこの**著作権侵害の非親告罪化**というのは、TPPという海外との条約を結ぶ上で海外から求められていたことなんだ。

トキト **海外と一緒にしろ、ってこと?**

おときた そう、国と国とが商売をするのに、こういう基本の制度が違いすぎるとややこしいから、あらかじめ統一しよう、と。ちなみに、どうするかは現在(2016年)の国会で審議中で、もうすぐ正式に決定する。

ひっち **えーっ、そんなにすぐ?**

おときた いちおう日本としては、著作権に関してはいまのまま変えないって突っぱねる予定なんだけどね。でも、こういうことって政治に無関心だと気づかないだろうから、いつのまにか政府の都合で「コスプレ禁止」になっていた、なんてこともあり得るわけだ。

トキト **お年寄りの政治家たちは、オレらの感覚がわからんのやろうな。**

TPP
環太平洋パートナーシップのこと。太平洋を囲む国々で、関税の撤廃や国際ルールの統一を目指す。タオパイパイの略称でもなければ、エロい要素も一切ない

ひっち　「そんなことするヒマがあるなら、勉強しろ！」みたいな。

おときた　上の世代だけで議論していると、おっさんたちが勝手にどんどん規制しちゃうっていうのはあるよね。ふたりも、気づいたなら行動しないと、ほんとうに生死にかかわる事態になるかもしれないよ。たとえば、**特定秘密保護法**って知ってる？

トキト　名前がイカツイな……？

ひっち　秘密って、どんな秘密？　オレが中学時代に片思いしてた子の名前とか……？

トキト　いや、それは全然漏れてええんとちゃう？　個人情報とかってことですか？

おときた　いや、プライバシーのような国民の権利を守るというより、国家の安全保障にかかわる秘密を漏らした人を処罰する法律だね。スパイ防止法とも言われる。

ひっち　えーっ、スパイってほんとうにいるんだ！

おときた　そう。特に中国のスパイがいま日本政府の内部に大量に紛れ込んでるって言われてる。でもこれ、すごく反対されたんだ。というのも、**特定秘密を漏らした人を処罰するんだけど、なにが特定秘密かは秘密**とされていたから。これも表現の自由の規制と言える。

ひっち　なにが秘密かは秘密？　どういうこと？

おときた もしかしたら、トキトくんの今日のパンツが赤い、という情報が、実は特定秘密かもしれない。だけど、そうだと知らずにひっちくんがトキトくんのパンツの色が赤だってしゃべったら、処罰されてしまうってことだね。

ひっち えーっ、マジ、赤いの!?

トキト たとえやろ! でも、なにが特定秘密かわからんまま気をつけてしゃべるとか、NGワードのゲームみたいやな。

おときた そう。しかもNGワードは権力者しか知らないから、**権力が腐敗してしまえば、なにも悪いことをしていなくても特定秘密保護法違反という名目で逮捕できてしまう。**

トキト 「なんでオレ捕まるんですか!?」「それは特定秘密だから言えない」みたいなことか……。

ひっち **なんだそれ、怖すぎる!**

おときた とはいえもちろん、この法律は公務員限定という条件つきだから、ふたりが逮捕される心配はいまのところないんだけど。どう、意外と大事だったでしょう?

トキト 意外どころか、めっちゃ大事やった。

赤いパンツとは大胆な……。

おときた　若い世代がちゃんと選挙に行くようになれば、ふたりの感覚にあう政治が行われるように、きっとなる。あきらめちゃダメなんだ。

トキト　**もっと、味方を集めなきゃ……。**

ひっち　味方……味方……あっ、思いついた！　人数がたくさんいて、選挙行ってなさそうな人たち。

トキト　誰？

ひっち　コミケの参加者！

おときた・トキト　たしかにー！

おときた塾の学び 46

特定秘密保護法も、表現の自由を脅かすものの一つ。悪用を防ぐためには、選挙で権利者を監視することが必要。

COLUMN 13

国家や権力者は、表現の自由が嫌い!?

今回とくに覚えておいてほしいのは、基本的に**国家権力は表現の自由を規制しようとする意図で動く**ということだ。江戸時代にも、浮世絵が「世の中を不安定にする内容だ」とされて禁止されたことがある。これは浮世絵に江戸幕府の批判などが遠回しに表現されていたため、政権に対する批判が民衆に広まるのを危惧したことが理由の一つと言われている。

身も蓋《ふた》もない話だが、権力者は自分にとって都合の良い情報だけが出まわる社会をつくりたいと思っているんだ。あの独裁者のヒトラーも、宣伝省という専門部署をつくって世間に流れる情報をできるだけコントロールしようと目論んでいた。

授業で見てきたように、これは現代の日本でも例外ではない。**自由は放っておけば守られるものではなく、注意してなければ気づかない間に少しずつ脅かされていく**。おじさんたちにとっては、アニメ・漫画やSNSなどの若者文化なんて理解不能で、怖いから取り締まりたくて仕方ないんだ。

ちなみにお隣の韓国では2011年、児童ポルノ表現を取り締まる法律ができ、「一般人の性的羞恥心《しゅうちしん》や嫌悪感を起こす」という曖昧な基準のもと、2000人以上が逮捕されるという異常事態が発生した。さすがにおかしいということで起訴までされた人はいなかったようだけど、**先進国でも国家権力による横暴な規制は容易に起こりうる**ことのいい例だ。それを許さないためにも、政治参加を通じて権力者の動きをチェックしないといけないんだね。

●192ページの答え……〈第1問〉福祉事務所〈第2問〉907円〈第3問〉表現の自由

第三部

じゃあ、どうやって変えればいいの？

政治のことはわかってきた。変えなきゃいけないこともなんとなくわかる。じゃあいったい全体、どうやってなにをしたらいいの？　世の中を変えるための手段を、最後に一気に学んでいこう。これで君たちも、政治マスターだ！

一票の重みって
どうやったら
実感できるの？

知識が足りないと、
間違ったところに
投票しそうでコワイ！

実際、デモって
やる意味あるの？

時間割

知らないとヤバい！
政治の問題

まずはウォームアップ。次の３つの問題を解きながら、今回の講義でとりあげる内容について考えてみよう。

〈第1問〉

日本で選挙がはじまったのは、西暦何年からですか。

〈第2問〉

衆議院と参議院、それぞれの議員定数を答えてください。（2016年3月現在）
なお、ともにAKBの正規メンバーよりは多い。

〈第3問〉

日本の選挙において、もっとも投票率の高い世代と低い世代をそれぞれ答えてください。

トシキの解答

〈解答1〉

1931年

〈解答2〉

50対50

〈解答3〉

だんこん世代、ゆとり世代

ふっふっふ。オレ、こう見えてわりと勉強できるんですよ?　今回はけっこう正解してるはず!

レンの解答

〈解答1〉

1192年

〈解答2〉

衆議員は100人　参議員は80人

〈解答3〉

高い世代は60代　低い世代は20代

いい国つくろう、で選挙が始まったって感じじゃないですかね!?……3点ぐらいはもらえます?

正解は282ページ

トシキ「オレこれは自信あるわ、だんこん世代っと……」レン「えっ、だんこん⁉」

⑭
限目

選挙制度

弱小海賊団を救うための究極の選挙活用法

選挙権を手にした僕たちが正しく政治家を選ぶ方法とは

これまで、選挙の重要性をくり返し強調してきたけど、実際僕らが投票所に行ったとき、渡された2枚の投票用紙にはなにをどう書けばいいだろう。ここでは、選挙の歴史から現在の選挙制度までまとめて総ざらい。これで選挙番組が5倍楽しくなること間違いなし！

選挙はかつて「お金持ちのもの」だった！ AKB総選挙は選挙の縮図

おときた　念のためもう一回聞くけど、ふたりは選挙って行ったことある？

レン　そんなもの、一切ありません！（キリッ）

トシキ　おーい、自慢気に言ってどうする！　でも、オレもないです。

おときた　うん、そうだよね。知ってた（笑）。では問題です、日本で選挙がはじまったのはいつでしょう？

レン　１１９２年？

おときた　えー、「いい国つくろう鎌倉幕府」だね？　そう、御家人と呼ばれる武士たちから信頼の厚かった源頼朝《みなもとのよりとも》は、選挙によって初代将軍に選ばれて……って違うわ！
ちなみに言うと、鎌倉幕府の設立はいまは１１８５年だってことになってるよ。

トシキ　えー！　そうなんですか、知らなかった……。

おときた　で、そのころはまだ独裁国家だよ、日本は。選挙なんて影もかたちもありません。

レン　じゃあ、いつなんですか？

おときた　**選挙がはじまったのはごく最近で、１８９０年。**いま

から120年くらい前のことだね。では第2問、トシキくんがその時代にタイムスリップしたら、選挙に参加できるでしょうか？

トシキ できない！

レン じゃあ、できる！

おときた じゃあってなんだよ！　正解はトシキくん。

トシキ よっしゃ！

おときた 当時は**制限選挙**といって、**一定以上の税金を納めていないと選挙ができなかった**んだ。

トシキ・レン あー！　学校でやったー！

おときた そうだね、教科書にも載っているように、当時は一部のお金持ちしか選挙に参加できなかった。ちなみに、これは現代のとあるシステムと同じなんだけど……。

レン なんだろう？

トシキ オレ、関係ありますか？

おときた うーん、なくはないかな。アイドルは好きだったよね？

トシキ はい！

おときた じゃあ、話が早い。**選挙は選挙でも、ＡＫＢ総選挙だ。**

トシキ ＡＫＢって、オレが好きなあのＡＫＢ!?

AKB（48選抜）総選挙

人気アイドルグループＡＫＢ48のセンターポジションを決める熾烈な争い。「選挙」という単語をここまで若者に一般化した秋元康プロデューサーの功績を称える声は多い

一定以上の税金

日本最初の選挙では、年15円以上の直接国税の納税が必要とされた。当時の15円を侮るなかれ、有権者は全国民のわずか1%しかいなかった。制限、キツすぎ！

おときた　そう、ここからはAKB総選挙にたとえて、選挙のしくみを説明しよう。
トシキ　やったー‼

おときた塾の学び 47

最近まで、選挙に行ける人は一部のお金持ちに限られていた。

AKBは「CDをたくさん買ってくれた人」に優しい？　選挙の仕組みと歴史

おときた　AKB総選挙では、CDを買った人しか投票できないよね？　昔の制限選挙というのは、まさにこういうシステムだった。
トシキ　でも、投票券をひとりで何枚ももらえるわけじゃないですよね？
おときた　もちろん、そこはAKB総選挙とは違う。でも、お金を持っている人が強いのは一緒かな。

レン お金持ちじゃないと投票ができないなんて、そんなの不公平だよ！

おときた そうだね、それにふたりは、AKB総選挙のために100万円以上注ぎ込んで、AKBのCDを1000枚買うような人と仲良くなれる？

レン 無理ッス！（キッパリ）

トシキ ひどいな！ でも、ちょっと引いた目で見てしまうかなぁ。

レン むしろ、そんなお金あまってるんだったら僕にください！

おときた それは直接言ってくれ（笑）。お金持ち、つまりAKB総選挙でいうところのCDを1000枚も買う人の感覚は、庶民とはちょっと異なることはわかるよね。そんな人たちしか投票できないしくみだとどうなるか。

トシキ でもAKBにとっては、そういう人たちはとても大事な支援者なわけだから、きっと優遇したくなるんじゃないですか？

おときた そう、だから実際、**お金持ちだけしか投票できないと、どうしても政策が偏ってしまう**んだ。さらにいうと、当時はお金があろうがなかろうが、投票できない人もいてね……。

レン え、誰なの？

おときた 女性。「女は政治に口出しをするな」と本気で言われていたんだよ、信じられる？

トシキ　マジで？　そんなの差別じゃん！

おときた　だから、選挙権がなかった人、つまり**庶民や女性は政策上不公平な扱いを受けていて、それを解消するために、選挙権を得ようと粘りづよく戦い続けてきた**というわけなんだ。

トシキ　偉いなあ！　それじゃ、選挙権はいつみんなに行きわたったんですか？

おときた　庶民に行きわたったのは1925年だね。男性だけなんだけど、普通選挙が解禁されたのがこの年。女性も可能になったのはそれからしばらく経ってからで、戦後だ。

レン　へー。結構、最近なんだね。

おときた　そう、女性も選挙権を持つようになってからまだ70年くらいしか経っていない。いまじゃあ活躍する女性の政治家をよく見かけるようになったけど、**戦後までは女性の政治家はひとりもいなかった**んだ。

トシキ　そもそもなんでお金持ちしか投票できなかったんだろう？

レン　ふん、どうせその人たちのお金目当てなんでしょ！

おときた　うーん、というよりも、当時、お金がない人に足りていなかったのはなんだと思う？

レン　プライド？

トシキ　おい！　謝れ！

おときた 正解は「教育」だね。**「お金がないと学がない」と言われていた**んだ。

トシキ だからって、**投票権がなくてもいいことにはならないよね。**

おときた 加えて当時はまだ、国に最小限の機能しかなかったんだ。そのために、政治はお金持ちだけにしか関係ないと思われていた。でもいまのように病院とか年金とかの制度ができてくると、政治が庶民にも関係するから……。

レン **オレたちの生活に口をだすんだったら、オレたちも参加させろって言いたくなるなあ。**

おときた その通り。そういう経緯があって、いまみんなが投票権を持てているというわけなんだ。

レン **それなのにオレ、一回も使ってないのか……。**

おときた いまの20代はとくに選挙行かなくて、投票するのは3人に1人くらいだね。普通選挙が実現した当初は、やっぱり投票率も高くて80%以上だったけど、ずっと下がり続けているんだ。

トシキ **オレが投票に行かないのって、自分に関係がないと思っちゃうからなんだけど、投票に行く60代の人たちからすれば関係があるってことなのかな？**

（投票率が）ずっと下がり続けている

実は投票率の低下は、先進国共通の悩み事。ただし、筆者（おときた）は北欧に行った際、「若者の投票率が下がって、70%しか選挙に行かないんです」と言われて愕然とした

国に最小限の機能しかなかった

当時の国家は「夜警国家」とも呼ばれ、防衛や治安維持など最小限の役割のみが期待されていた。文字通り、庶民にとって「お上」は遠い存在だった模様である

おときた　そうだね、あと数年で年金をもらえるかどうかが決まる世代だから、彼らにとっては切実。いっぽうで、若い人たちが関係ないと思ってしまうというのも仕方ない部分があって、**日本は若者や子ども向けに使われている予算が、先進国の中でもめちゃくちゃ低かったりする**んだ。

レン　そうなの⁉

おときた　だって、ＡＫＢだって、ＣＤを買ってくれるファンと買ってくれないファンだったら、どっちが大切だと思う？

トシキ　そりゃあ、買うファンだよなあ。

レン　じゃあ、オレたちがもっと選挙に行けば、オレたちのための法律や予算もつくってくれるということですか？

おときた　イエス、その通り！

おときた塾の学び 48

お金持ち以外に、女性も戦後まで投票できなかった。政治家は、投票に行かない若い世代を優遇しづらい。

選挙で2枚の紙が手渡されるのはなぜ？
↓海賊団のたとえ再び！

おときた　ちなみに、選挙に行くと2枚の紙が渡されるんだけど……。

トシキ・レン　一回も行ってないから、知りません！

おときた　そ、そうだった……これは失敬。2枚あるうちの1枚目には政治家個人の名前を、2枚目には政党の名前を書くんだけど、これは**小選挙区《しょうせんきょく》比例代表並立《ひれいだいひょうへいりつ》制《せい》**といって、一回の選挙で2種類の投票ができるようになっている。

トシキ　ちらっと聞いたおぼえがあるな。

おときた　**小選挙区制**は地区ごとに1人の代表者を決めるから、これだと1位の人が当選して、2位以下は全員落選だね。

レン　2位の人にたくさん票が入っていてもダメなんだ？

おときた　そう。それがまさに問題で。仮に候補者が4人いて1位が40％、残りが20％ずつ票をもらったとしよう。これ、過半数をとっているかな？

レン　あれ？　1位が40％で、残りが60％だから、過半数とってないんじゃ……？

おときた　その通り。ほんとうは過半数をとってないけど、1位の人が民意の代表者になる。これだと、少数意見がまったく反映されないよね。20%×3で、60%も違う意見の人がいるのに。

トシキ　民主主義の多数決で決めたのに、過半数でもない上に、少数意見を切り捨てちゃうのか。

おときた　ということで編み出されたのが、もう一つの**比例代表制**だ。ちょっと複雑だから、また『ワンピース』の海賊団でたとえるとしよう。七武海を選挙で決めると思えばわかりやすいかな。

レン　七武海といえばハンコック！　めっちゃ美人なんだよな〜！

おときた　ちょっと原作の話とは外れるんだけど、7つの地区から7人の優秀な海賊を選んで、七武海を結成するとする。世界にはおもに4つの海賊団（ドンキホーテ海賊団、九《く》蛇《じゃ》海賊団、ハートの海賊団、バギー海賊団）が覇権《はけん》を争っているとして、七武海にそれぞれの代表者を送り出したい。いまのパワーバランスを数値化すると左ページの図のようになる。

トシキ　バギー弱っ！（笑）

おときた　この条件で、各地区ひとりの海賊しか選ばれない小選挙区制の選挙を実施したら、どうなるだろう？

トシキ　……ドンキホーテ海賊団の圧勝？

（ボア・）ハンコック

七武海のひとりで、女帝の名を持つ美女。ルフィに惚れて熱烈に迫るも、スルーされ続けている。しかし、ルフィに性欲ってあるんだろうか……でも悟空にはあったしなあ

七武海

作中で政府が公認するほどの実力・知名度を誇る7人の海賊たちの総称。倒しても欠員補充され、やっぱり人数が減らない。ワンピースは一体いつ完結するのだろう……

■ 4海賊団のパワーバランス

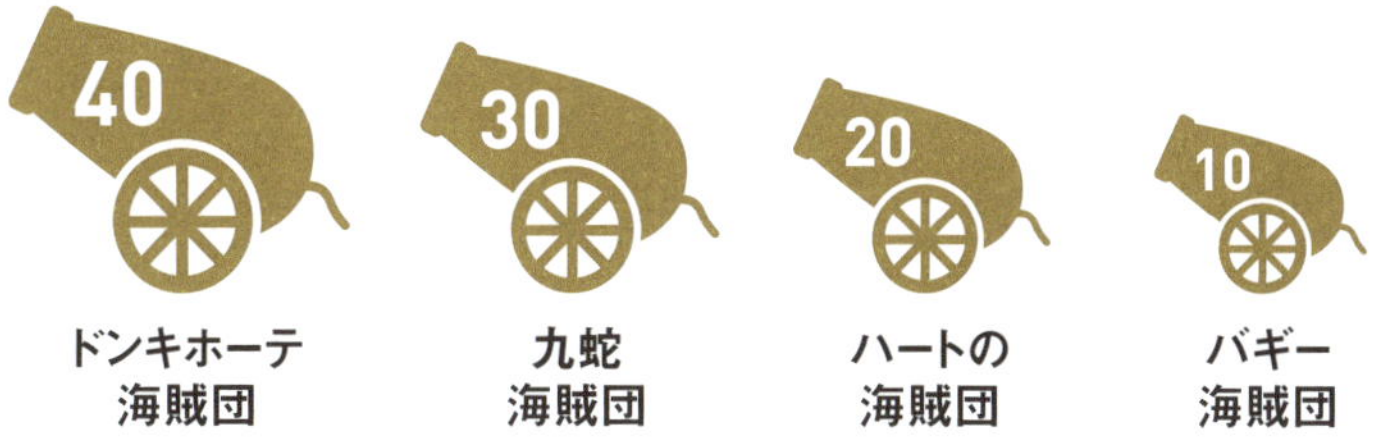

おときた そうだね。地区によってそれぞれの海賊団のメンバーが多かったり少なかったりして、パワーバランスが異なってくることもあるだろう。そうすると、単純にドンキホーテ全勝ということにはならなくて、これぐらいの比率であれば、九蛇海賊団もぎりぎり席を確保できるかもしれない。仮に、ドンキホーテ：5、九蛇：2、ハート：0、バギー：0の割合で決まるとしようか。

レン ハンコックが七武海で登場しないとワンピースも読者を失うから、まあ当然といえば当然じゃない？

トシキ そういう話じゃないでしょ！ でも、ハートの海賊団とバギー海賊団から七武海を出せないってことは、**七武海の決定に少数意見が反映されない**ですね……。

おときた まさにその通り。それで比例代表制が出てくるんだ。それだと海賊団のパワーバランスの割合、つまり何票入ったかの割合で七武海のメンバーが決まる

から、40％、30％、20％、10％の割合で議席を分け合うことになるね。全部で7席分あるから、この比率でそれを奪い合うと、どうなる？

トシキ えーっと、2・8人、2・1人、1・4人、0・7人だから……。

レン 3人、2人、1人、1人ってこと？

おときた 正解！ 比例代表制であればこのように、少数意見のハートの海賊団やバギー海賊団からも七武海が出せることになる。

レン じゃあ、みんな比例代表制にすればいいじゃん。

おときた ところがそうもいかないんだな。七武海の人数が3人：2人：1人：1人だとしたとき、過半数をとれている海賊団はある？

トシキ あれ？ 最大のドンキホーテ海賊団が3人で、全体が7人だから……どこも過半数じゃない？

おときた そう、**少数意見の政党からも当選させるということは、それだけ多数決で決まりにくくなるということでもある。** いっぽう、小選挙区制だと？

トシキ ドンキホーテ海賊団が7人中5人で過半数だから……。

おときた 単独で与党になれるってわけだ。ただし、少数意見は切り捨ててしまう。一長一短があるんだね。ちなみに、アメリカとかイギリスとかはほとんど小選挙区制。いっ

ぽう、イギリス以外のヨーロッパはおもに比例代表制だ。

レン あれ、日本はなんだっけ。

トシキ ヘイリツセイ……ってことは両方!?

おときた そう、日本はどっちもやっている。ハイブリッドなんだ。

おときた塾の学び 49

少数意見を反映できない小選挙区制の欠点を補うのが比例代表制。2枚の投票用紙は、それぞれの制度で投票するためのもの。

七武海を70人に増員!? 小選挙区比例代表並立制ってナンダ

レン 両方って、具体的にはどうするの?

おときた それを説明するためには、もう少し数が多い方がわかりやすいかな。じゃあ、七武海の人数を大幅増員して、**七十武海**だとしよう。

トシキ 一気に増えたな〜(笑)。

おときた　このうち50人を小選挙区制、20人を比例代表制に振り分ける。まず、小選挙区はどうなる？

レン　ドンキホーテ海賊団と九蛇海賊団の圧勝！　ハンコック様〜♥

おときた　そうだね、今回は当選者数を30人：20人：0人：0人としよう。じゃあ、20人の比例代表制は？

トシキ　40%：30%：20%：10%でわけるから……8人：6人：4人：2人？

おときた　そうだ！　合計すると、七十武海は38人、26人、4人、2人となる。これであれば、**過半数をとっている海賊団がありつつ、少数意見も聞ける**よね。

レン　ちょうどいい！

おときた　そう、このちょうどよさがハイブリッドのいいところなんだ。

トシキ　だから2枚投票しないといけないのか……。

おときた　うん。投票にもコツがあって、もしひとりしか当選しない小選挙区でハートの海賊団やバギー海賊団の候補者に入れても、死票、つまり意味のない票になってしまう。だから**弱小海賊団には比例で投票する**、というやり方がある。

レン　なるほど〜。

おときた　政党の方針のある部分には賛成だけど、別の部分には賛成できないのであれ

小選挙区比例代表並立制（定数70の場合）

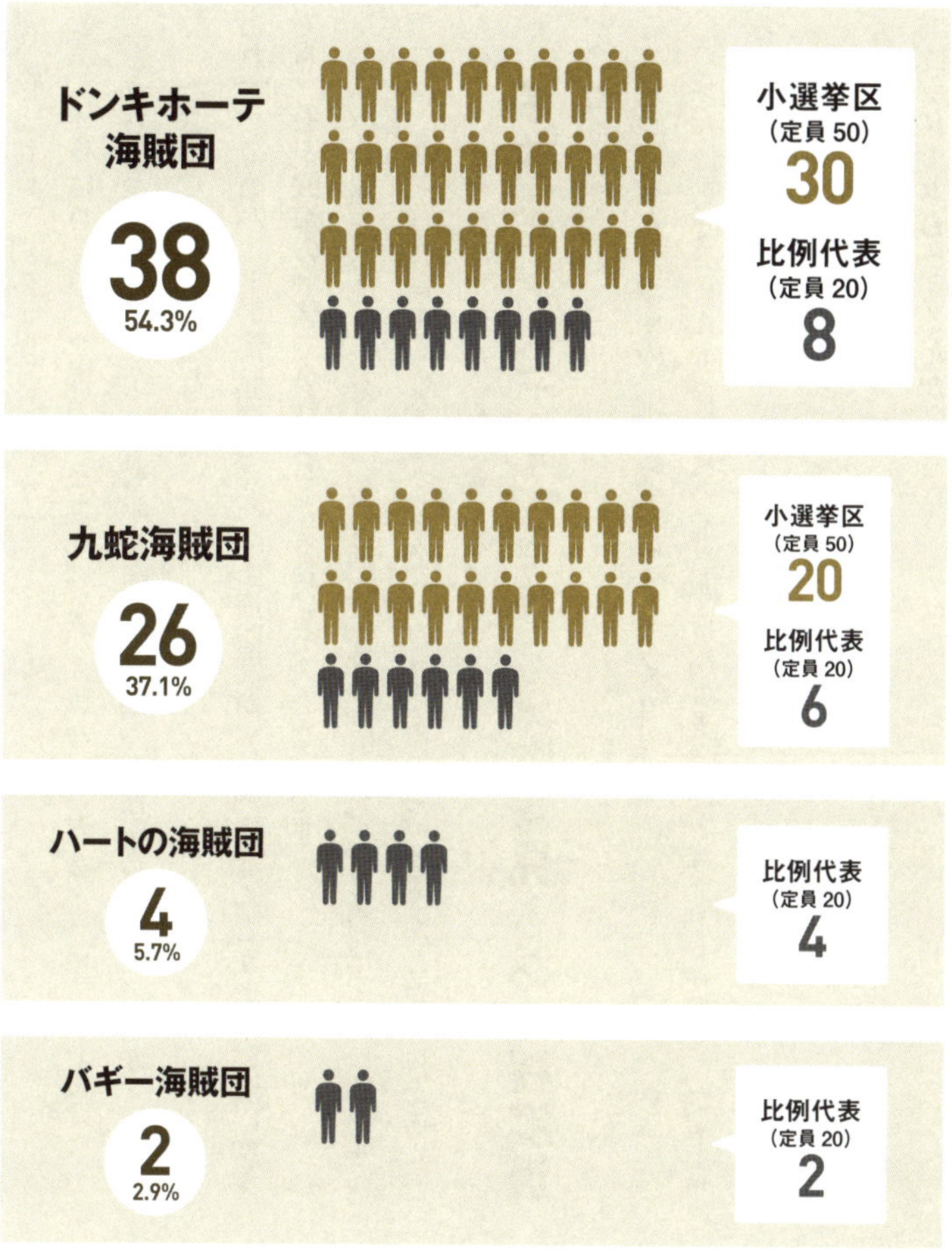

ば、小選挙区と比例で別の海賊団に投票したっていい。

レン　まあ、オレはハンコック様のいる九蛇にしか入れないけどな！

トシキ　もうちょっと考えよう？　でもみんな、これ知って投票してるんですか？

おときた　たぶん、知らないだろうね。

レン　あれっ、でもハートの海賊団とかバギー海賊団が、比例でなんとか七十武海に席をもらっても、七十武海の会議で多数決したら負けちゃわないですか？

おときた　いい質問だね。もちろん、最終的には多数決だけど、多数決をする内容を決めるまでには、ある程度は全員の合意が必要だったりするから、ちゃんと意味はあるんだ。

トシキ　へえ、そうなんだ！　よくできてる。

おときた　**多数決にいたるまでには、少数意見もある程度汲《く》まれている**んだよ。

レン　これ知ってると、選挙のニュースがおもしろくなりそう。

おときた　そう言えば、２０１６年夏の選挙から18歳選挙権がスタートして、いままで20歳からだったのが18歳からも投票できるようになるんだけど……。

トシキ・レン　えーっ！

おときた　１限目にも言ったんだけど（笑）。日本の投票率はどうすれば上がるものやら。

トシキ　コンドームもらえるとか？

18歳選挙権

2016年の参院選からついに解禁され、これを狙って商売上手が若者向けの政治・選挙本を雨後のタケノコのように発売した。え、この本？　なんの話でしょうか？

レン 議員とチェキ会ってどう？

おときた おっさん議員たちとチェキ、撮りたいかな？

おときた塾の学び 50

小選挙区制と比例代表制のハイブリッドで、多数決を採りやすく、少数意見も汲み取れる。少数派を救いたければ、比例で投票すると吉。

COLUMN 14

参院選では、2枚目の投票用紙に名前が書ける！

国政選挙では2枚の投票用紙にそれぞれ、候補者名と政党名を書くと伝えたんだけど、実は**参議院選挙では2枚目に候補者名を書くこともできます**。……ごめん、小難しいよね。僕もそう思う。

衆議院選挙では、比例代表制度で当選する人の順位を、政党が事前に決めて名簿登録している。順位が同率かつ小選挙区との重複立候補の場合は、小選挙区の惜敗《せきはい》率で順位が決まる。こうした名簿の順番にしたがって党が獲得した票の分だけ当選者が決まることを、拘束名簿式という。

ところが参議院選挙では、この名簿の順位登録がないわけだ。たとえば自民党が比例代表で10人当選となったら、**個人名で書かれた票が多い候補者から順番に10人、当選することになる**。これを非拘束名簿式という。

参議院選挙の比例代表制は、候補者の中でも競争が発生し、切磋琢磨《せっさたくま》することになる。もちろん政党名で投票することもできるけど、自分が応援したい人がいれば、その人の名前を書いたほうがいいだろうね。

ちなみに参議院選挙の比例代表制にやたら芸能人やスポーツ選手の立候補者が多いのは、こういう**「個人名」で票を稼ぐことを政党が狙っているから**だ。「自民党は嫌いだけど、野球の〇〇選手は好き」という人がその名前を書けば、その候補者の票になると同時に、自民党の政党票としてもカウントされる。

このように複雑すぎる日本の選挙制度は、「選挙制度のデパート」とも呼ばれているよ。投票率を上げたいなら、改善してほしいものだね……。

15 限目

社会運動

ルカワ応援隊が意味を持つのはどんなとき？

僕らが政治を動かすために選挙以外でできること

民主主義で政治参加する方法は、実は選挙だけじゃない。最近よく聞く「デモ」だって、立派な政治参加の一手段。「でも、あれって意味あるの？」と思ったそこの君。ここではあの有名バスケ漫画の力を借りながら、デモの意義とその限界について考えていこう。

SEALDs《シールズ》はなにをしているの？ デモはほんとうに「民主主義的」か

おときた　前回、選挙についてしっかり学んでもらったから、ここからは選挙「以外」で政治に参加する方法を考えてみよう。SEALDsって聞いたことある？

レン　あ、デモの人たち！

おときた　じゃあ、デモについてどう思う？

トシキ　えー、ちょっと怖い。

おときた　怖いっていうのは、どうしてだろう。

トシキ　建物に向かって、声を荒げて、いくら「ワーッ」て言ってもなにも変わらないいんじゃないかと思っちゃうんだけど、すごい大人数でそれをやってるからかなあ。

おときた　まあ実際、日曜日に国会前でデモをしてもなかには誰もいないからね。レンくんは？

レン　楽しいのかなあ？　あんな大勢で集まるなら、クラブとかレイブパーティーに行ったほうがよっぽど面白そうなのに。

おときた　ふたりとも、なかなか手厳しいことを言うなあ（笑）。２０１５年の安保国会

SEALDs

正式名称は「自由と民主主義のための学生緊急行動」。民主主義の基本の一つは対話のはずだが、筆者はなぜか彼らのTwitterから集団でブロックされている（悲しい）

で巻き起こったデモでは、「これこそが民主主義！　私たちの言うことを聞かないお前らは独裁だ」というような主張がされたんだけど……。

トシキ　**あれ？　これって民主主義？**

おときた　民主主義ってどうするんだっけ？

レン　話し合いと、多数決です！

おときた　そう、だから**民主主義の国でデモというのは正規のルートではないんだ。**正規のルートは選挙をして、話し合いをして、過半数をとることだね。勘違いしている人もいるんだけど、「デモ」はデモンストレーションの略称で、デモクラシー（民主主義）のことではない。

レン　じゃあデモって、選挙や話し合いで通らなかった意見を「聞いて！　聞いて！」って言ってるということ？

トシキ　負けたのにまだグダグダ言ってるってこと？

おときた　トシキくんは手厳しいな（笑）。**デモ自体がダメな行為では決してないんだよ。**少数意見を届けるという、民主主義のもうひとつの側面を補完する重要な役割もあるから。でも、彼らはどうにかして自分の意見を押しとおしたくて、あまり適切ではないやり方になってしまったのかもしれない。

デモなんか
意味あるの？

レン　どうして？

おときた　それを説明する前に……『スラムダンク』は読んでいますよね？

レン　もちろん！

トシキ　あっ……。

レン　えっ、読んでないの？　すぐ読もう？

トシキ　……今日、買って帰ります。

おときた　けっこう長いよ（笑）。全31巻で、最後の山王戦の盛り上がりはもう最高で……って、まあいいや。読んでいる前提で話をするけど、たぶん知らなくてもわかると思う。

トシキ　はーい！

おときた塾の学び 51

少数意見を政府に届けようとする「デモ」は、実は民主主義の正規のルートではない。

スラムダンク

バスケ漫画の代名詞とも言える傑作。われわれの世代では一般教養だと思っていたが、ギャル男世代ではすでに読んでいない人もいる事実に一同は唖然とした……

デモは『スラムダンク』の〝ルカワ親衛隊〟!? 遠回しアピールに効果はあるか

おときた ルカワくんにいつもついてまわる〝ルカワ親衛隊〟がいたでしょう？

レン あー、いたいた！　３人組の女！

おときた **デモってルカワ親衛隊なんだよ。**

トシキ・レン どういうことだー！

おときた 毎試合観戦して「ル♡カ♡ワ♡・ル♡カ♡ワ♡」と応援したり、晴子《はるこ》ちゃんに「なによあの女！」ってヤキモチ妬いたり、相手チームに「負けろコール」したり。

レン いるよね、実際にもそういう部活の追っかけって。たいていはあまり可愛くないんだよなあ……。

トシキ 容姿を責めるのはかわいそうだろ！　でも、ああいうのって一体なにがしたいんですか？

おときた 彼女たちはルカワに自分たちの存在をアピールして、気に入られたい。でも、これは正規のルートではないよね。

レン うん、遠回しアピールすぎる。

ルカワくん（流川楓）

スラムダンクの主人公、桜木花道《さくらぎはなみち》のライバルキャラ。ウォークマンのような音楽プレイヤーを聞きながら自転車で通学しているが、これやるといまは違反なので要注意

おときた　そう。本来、好かれたいなら告白すればいいし、負けてほしくないなら晴子ちゃんみたいにマネージャーになってチームを強くすればいい。

トシキ　**応援は応援だもんなあ。**

おときた　もちろん、応援が無意味かといえばそうではない。ルカワの視界に入るかもしれないし、相手チームのミスを誘うかもしれないけども、あくまでもおまけだ。

レン　**応援だけではゲームは変えられないもんな。**

おときた　そうだね、ただ、デモが意味を持つ場合もいくつか考えられるんだ。

トシキ　**どんなときですか？**

おときた　多数決はとりあえずの結論だったよね。だから**次の選挙で勝つために、支持を拡大することを目的にしているのであれば、それは意味がある。**ルカワ応援隊も、卒業式の日にルカワくんに告白するための長期的戦略と考えれば、涙ぐましい努力になる。

レン　**でも、政治をいますぐ変えようとするのは難しいってことか……。**

おときた　むしろ、人々の熱狂によって結論が変わってしまうのであれば、それは民主主義としては失敗だよね。応援団の数が多くて、声の大きな方を勝ちとする！なんてルールができてしまったら、バスケの試合は成り立たない。

トシキ　**たしかに。**

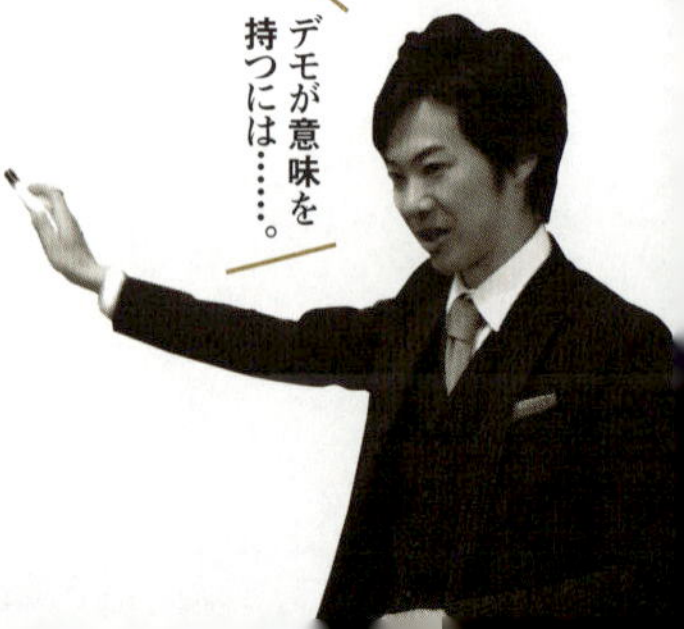

おときた　あとは選挙以外で政治に声を届ける活動に、**ロビイング**というのがある。わかりやすい例だと、**政治家に資金や人員を提供することで、自分にとって都合のいい対応をしてもらうんだ。**ルカワ応援隊が安西先生に菓子折りを持っていって、「ルカワくんを毎回先発で使ってください！」とお願いするイメージかな。

レン　**だから安西先生は、あんなに太ってしまったのか……。**

トシキ　**ぜったい関係ないだろ！　でもそれって、賄賂《わいろ》とかにならないんですか？**

おときた　ちゃんとルールが定められていて、その範囲内でやるなら合法だ。たとえば個人献金は150万、企業献金は最大1億円まで、とか。

トシキ　**そんなに出す人がいるんですか!?　オレのバイト代の何ヶ月分……悲しくなってきた。**

おときた　節税対策で寄付するお金持ちもいるけれど、日本では大企業からの企業団体献金が主流だね。一枚2万円くらいの「パーティー券」をまとめて買うのも、ロビイングのひとつと言える。政治家が資金集めのために開催するパーティーのチケットを買って、間接的にその政治家を支援するんだ。

レン　**なんで政治家ってパーティーばっかりやるのか、謎に思ってた！　資金集めだったのか。**

安西先生

湘北の名監督にして桜木花道の師匠。「諦めたらそこで試合終了ですよ」という名言はあまりにも有名だが、そのわりにダイエットは早々に諦めたことでも有名

おときた　そう、実際にはパーティー券だけ購入して、当日は会場に足を運ばない場合も多い。収益を出すためのイベントだから、食事の量も少なくてあっという間になくなるよ。ふざけてるよね！

トシキ・レン　（なにか嫌な思い出でもあるのか……）

おときた　でもご想像のとおり、こうした金銭が中心となったロビイングは度が過ぎると、特定団体との癒着・汚職が発生する。企業団体献金には問題が指摘されることも多いんだ。ちなみに僕は、議員になってから一切、企業団体献金をもらってません！（キリッ）

レン　それって、くれるところがないだけじゃ……

トシキ　レン、シーっ!!

おときた塾の学び 52

デモが意味をもつのは、それが選挙に連動しているとき。政治家に人員や資金を提供するロビイングは政治を動かすもう一つの方法だが、癒着しやすいという欠点がある。

特定団体との癒着・汚職

リクルート事件や東京佐川急便事件など、企業と政治家による金銭汚職には枚挙に暇がないが、そもそも政治・選挙にお金がかかり過ぎるんだよコノヤロウ！（心の叫び）

企業団体献金が主流

アメリカでは、オバマ大統領が200億円以上の個人献金を集めるなど、ある意味で政治家が人気者化・アイドル化している。アイドルが政治家になる日本とは大違い……

政治家は選挙が怖い！デモを有効に活用するためには……

トシキ　政治家はみんなの代表じゃない、っていうことがなんかわかってきた気がする。票やお金をくれる人のために動くこともあるんですね。

おときた　その通り。お金だけじゃなくて、票も重要。だから政治家を動かしたければ、デモのあとに「1万人の署名です、政策を実現してくれるならこの人たちが投票します」とアピールするとかね。

レン　それ、賢いなー！

トシキ　実際、政治家はデモって気にしてるんですか？

おときた　あんまり気にしてないかな。**正直、僕らが怖いのは選挙だ。なんと言っても、民主主義だから。**

レン　デモ自体はべつに民主主義そのものではないもんなあ。

おときた　逆に、民主主義が機能していない国ではデモをするしかない。「ちゃんと選挙しろ」というデモには意味があるかもしれないね。

トシキ　オレ、この前「バレンタインデー撲滅《ぼくめつ》デモ」見かけた！

民主主義が機能していない国

選挙で政治家が選出されない、あるいは選挙で権力者が100％の支持率を得るような不思議な国が（近くに）存在する。どう考えてもアレだが、ツッコんだらたぶん粛清《しゅくせい》される

レン　それはおもしろいじゃん（笑）。

トシキ　うん（笑）。でも、デモするくらいならもっと自分磨けよって思った。

おときた　その意見は的を射ているよね。でもね、国会前でデモをしている人たちは、真剣に政治や国のことを考えている。彼らは選挙にだってきちんと行っているだろう。そんな人たちを馬鹿にできるかい？

レン　た、たしかに……。

トシキ　オレ、バレンタインデモを馬鹿にしてる場合じゃなかったんだ……。

おときた　それはまあいいかもしれないけど（笑）。民主主義の基本は選挙だ。まずはきちんと選挙に行くこと。デモだけで政治は変わらないけれど、**選挙にいたるまでの過程としてなら、大いに意味がある**ってことだね。

レン　よーし、決めた。オレもデモに参加しよう！

おときた・トシキ　選挙に行けよ！

おときた塾の学び 53

デモだけで政治は動かない。
その勢いを選挙につなげてこそ、大いに意味がある。

おときた「いいかい、大事なのは選挙だ。選挙で結果を出してこそのデモなんだ」

COLUMN 15

公道や駅前をデモで占拠《せんきょ》、これって合法？

「国会議事堂前を10万人で占拠！」「渋谷駅前ジャック！」なんて勇ましい言葉が並び、大勢が集まっているデモの光景を見たことがあるだろう。明らかに道路や駅前の公共空間を占拠しているようだけど、あれって迷惑じゃないんだろうか？　どうして警察は捕まえないんだろう？

まず、デモ自体は、憲法で認められた正当な権利だ。そこで国や各自治体は、デモを行うためのルールを作っており、**そのルールに則って事前申請のうえで行われる限りは、合法的な行為になる。**

その中には、一箇所を長時間に渡って占拠しないこと、公共の秩序を脅《おびや》かさないことなどが挙げられている。ここから考えれば、国会前の公道や駅前を占拠しての長時間のデモ活動は、**限りなく黒に近いグレーな行為**といえるだろう。

それでも安易に警察が手出しをできないのは、**「表現の自由」や「政治活動の自由」という権利によるもの**だ。こうした政治的活動を安易に国家権力が取り締まれば、それこそ「憲法違反だ！」として司法に訴えられる可能性も大きい。もちろん、権利があるからといってなにをしても許されるわけではないんだけど、それがどこまでこうした政治活動で許容されるのかは、非常に曖昧で難しい問題になっているんだ。

とはいえ、大半のデモ活動はルールを守り、一定の速度で道路を歩きながら自分たちの主張を訴えている。インパクトを与えることも大事だけど、他人に迷惑をかけないことも大事かもしれないね。

⑯
限目

政治参加

みんな、このまま政治童貞でいいのかよ！

情報を集めて、自分の頭で考えて、経験をフル稼働して投票する

思春期のころ、異性と付き合うことを考えると、なんだかワクワクしたよね。「初めて」知るのは、実はとってもエキサイティングなこと。それは政治でも恋愛でも変わらないんだ。ここまで得た知識と投票券を片手に、政治の「初めて」のドアを開いてみよう。

選挙が合コンだったら? テンション上げて選挙に行こう

トシキ 選挙、かあ……。

おときた どう、行く気になってきた?

トシキ どうすれば選挙に行きたくなりますか!? 教えてください!!

おときた それ、僕に聞く!? じゃあ、**まずは選挙に行こうと決心すること**、だね。

レン (笑)。

トシキ そんなあ。

おときた じゃあさ、金曜日の夜に合コンの予定が入ったらどうする?

トシキ めっちゃ張り切ります!

レン ばっちり計画とか立てちゃうよね。

おときた そう、もし合コンなら、金曜日に定時で上がるためにその前の日まで頑張ったり、もしかしたら相手のFacebookやTwitterを調査したりするよね。

トシキ 入念にやります!

レン お任せください！

おときた だから、**まずはスケジュールに入れること**だ。それに向けて逆算して進行していくというか。仕事と同じかもしれないね。

トシキ よーし、撮影の前の夜はラーメン食わないぞ！

レン 早めに寝るぞ！

トシキ えっ。レン、今日寝坊したよね？

レン いまそれ言うなよ！

おときた そうしたら、今度は**情報収集**だ。政治に関する情報をどうやって手に入れる？

トシキ テレビを観ます！

レン 新聞を読みます！

おときた （こいつら、ほんとうかな……）それはもちろん正解なんだけど、僕のおすすめの方法は、**Twitterでも Facebookでもブログでもいいから、フォローする人をひとり決めること**だ。

トシキ たとえば？

おときた ホリエモンとかロンブーの田村淳《たむらあつし》とか、普段から政治や経済のニュースを発信しているオピニオンリーダーだね。

ブロガー議員が選ぶ政治情報発信の「神7《かみせぶん》」

@以下は Twitter アカウント名

堀江貴文
@takapon_jp
ごぞんじホリエモン。旬なニュースネタを拾って頻繁につぶやいてくれるので、トレンドを追うのに最適

田村淳
@atsushilonboo
お笑い芸人だが、社会派番組の MC 等を務め、政治に強い関心を持っている。つぶやきも身近な政治ネタが多い

津田大介
@tsuda
元祖 Twitter 系ジャーナリスト。政治の話題から時事ネタまで幅広く、圧倒的な情報量を発信している

ちきりん
@InsideCHIKIRIN
社会派ブロガー。ブログ・Twitter ともに社会課題についての問題提起が多く、考えさせられる内容に富む

為末大
@daijapan
元陸上競技選手だが、政治的な内容も恐れずに発信する。スポーツ選手独自の視点からの意見は大変興味深い

三浦瑠麗
@lullymiura
気鋭の女流政治学者。専門家だけあってその発信内容は非常に高度だが、これが理解できれば一人前!?

おときた駿
@otokita
スーパーカリスマ天才ブロガー議員。彼さえフォローしておけば間違いはない。いますぐチェックだ!

神7

総選挙を繰り返す戦国アイドル AKB48 の中で、人気上位 7 名を指すファン用語。政治でいうところの大臣クラスだが、たぶんマイナーな大臣より知名度がある

トシキ ……おときたさんでもいいんですか？

おときた まあ、僕はもちろん僕をすすめるよ。

レン じゃあ、それで！

おときた でも、その人を信じこんでしまうのはいけない。あくまでも、**その人を軸にして、ときには疑いながら、少しずつ自分なりに考えていく**んだ。

トシキ ニュースとか世間の流れに詳しくなりそう！

レン でも、ネットはデマとかあるって言うけど……。

おときた そうだね。ネットの情報は玉石混交《ぎょくせきこんこう》で、当たり外れがあるので、注意が必要だ。本とか雑誌とか、複数のチェックが入るものがいいよ。ふたりは普段、読みますか？

トシキ え、たまに……？

レン いま目が泳いでたぞ！

トシキ 読むよ！ ホリエモンの『シロ』とか。

おときた えっ、『シロ』？ ああ、『ゼロ』！

レン たしかにイメージは似てるけど（笑）。

おときた 『ドラゴンボール』には亀仙人、『スラムダンク』には安西先生がいたように、

亀仙人

孫悟空の最初の師匠にして、あの「かめはめ波」を生んだ偉大な人物。「エロいことを考えると鼻血が出る」という誤解を全国民に撒き散らしたのも、たぶんこの人

『ゼロ』

ホリエモンの自伝的著作。「なにもない自分にイチを足す」ことをテーマに書かれた奥深い啓発本でもあるが、トシキはここからなにを学んだのだろうか……

自分なりの師匠や先生を決めて、情報収集をするのがおすすめだね。

トシキ　よろしくお願いします！　師匠！

レン　先生！

おときた　調子がいいな（笑）。それができるようになったら、**次の段階では政治について発信してみよう。**

トシキ　でも、政治の話するヤツって、なんかヤバくないですか？

おときた　リアルではドン引きだけど、ネットならそこまでじゃないはず。ネットの世界は不思議なもので、**なにかを発信している人のところに情報が集まる。**「教えてください」とか「これを学びました」とか発信していると、もっと情報が手に入るようになるんだ。

おときた塾の学び 54

まずは選挙に行く予定をスケジュールに入れること。
そして自分なりの師匠を決めて情報収集し、
ネットで発信すれば、さらに情報を集めることができる。

争点をしっかり把握して、自分の経験や知識による判断を！

おときた　いざ投票をするときになって、誰を選んだらいいかわからなくなってしまったら、**「現状に不満がなければ基本的に与党、あれば野党」**という基準がいいかな。

レン　そうか、いまの政治を担当しているのは与党だから、与党に投票すればいまのままでOKと言ったことになるのか。

トシキ　そしていまの世の中に不満があれば野党に投票する、と。

おときた　そう、野党に投票するときは、安保法案や原発のような大きな課題について考え方が合うところを見つけるのがいい。これらが選挙の**「争点」**と言われる。

レン　なるほど、絞り込んでいけば迷わなそう！

おときた　もちろん、どうしても憲法を変えたいのであれば、ほかの争点は無視して、いちばん憲法についての意見が合う政党に投票するのも手だ。

トシキ　わかるけど、いろいろ考えたりするのはやっぱりまだ面倒くさい感じがする……。

おときた　トシキくんには最終手段だな。**誰に入れたらいいかまったくわからないなら、男性か女性なら女性の方、若いか年寄りかなら若い方に投票する**ことをすすめています。

トシキ　それならわかりやすい！

レン　でも、なんでですか？

おときた　まず、まだまだ女性の議員は圧倒的に少ないからだね。ってことは、新しいことをしてくれる可能性が高い。若さについても同じだ。これまでの授業で見てきたように、日本の政治には課題や矛盾点が満載だ。こうした現状を打破してくれるのは……これまでいなかった、新しいタイプの人材だよね。

トシキ　これならオレにもできそう！

おときた　最近は投票マッチングサイトも人気だから、それを参考にするという手もあるよ。「自衛隊は軍隊だと思うか」とか「原発に賛成か」とか質問に回答すると、〝どの政党の考え方と相性がいいか〟がわかる。

レン　進化してるなあ。

おときた　選挙での投票は誰かに頼まれてやるものじゃない。あくまでも、**自分の経験とか知識をフル活用して投票してもらいたい**ね。

投票マッチングサイト

毎日新聞の「えらぼーと」や、日本政治ドットコムの「投票マッチング」などが有名。ゲーム感覚で投票先を検討できるが、これで満足して投票するのを忘れないように

女性の議員は圧倒的に少ない

国会における女性議員比率は10%前後を推移しており、圧倒的なオッサン社会である。そのため育児休暇などの制度もなく、これが育休ゲス議員誕生の布石となった

おときた塾の学び 55

現状に不満がなければ与党に、あれば野党に入れるのが基本。個人なら、若い女性の政治家に投票すると、社会を変えてくれる存在になりやすい。

政治童貞でいいの!? おときた議員からのアドバイス

おときた　じゃあ最後のアドバイス、なににたとえようかなあ。

トシキ・レン　おっ、最後のたとえだ！

おときた　あ、そうだ、童貞のときってどうやってエッチするかわかんないでしょう？

トシキ・レン　（深々と頷く）

おときた　政治も同じで、準備してないといざというときにどうすればいいかわかんないんです。ＡＶなんかウソばっかりじゃん。

レン　たしかに、あんな風にはなかなかならないよな。

トシキ　どんな風だよ！

おときた　で、初体験をしてからいろいろなことを学んで、見違えるように男としてレベルアップしていくよね。だから選挙に行ったことがない人は**「政治童貞でいいのかよ」**と思います。

トシキ　**ヤバい、オレ、童貞だったのか……。**

おときた　でも大丈夫！

レン　ど、どうしたんですか？

おときた　**僕も20歳まで童貞でした。**

トシキ・レン　……!!!

おときた　**セックスよりも先に投票をした人間です。**なにかを始めるのに、遅すぎることはありません。

トシキ・レン　(すごい説得力だ……！)

おときた　この国のこれからの形を、一緒に考えていきましょう！

おときた塾の学び 56

なにかを始めるのに、遅すぎることはない。
いまからでも選挙に行けば、政治に参加できる。

COLUMN 16

白票・棄権票にも、立派な意味がある

この本の中で「選挙にいこう！」という言葉は飽きるくらい出てきたわけだけど、どれだけ考えても誰に入れればいいかわからないよ！という人がいるかもしれない。できる限り誰かを選択するのが望ましいことは言うまでもないけれど、最悪の場合、白票（棄権票）を投じるだけでも選挙に行く意味はある。なぜなら、**世代別の投票率が上がるからだ**。

高齢者向けにばかり予算や政策がつくられるのは、何度も言うように若者が選挙に行かないせいで、政治家が若年層を軽視していることに最大の原因がある。若者の投票率が上がってくれば、政治家たちは「お、若者たちに向けてもアピールしないと、選挙で当選できないぞ！」と感じるようになって、その行動が変わってくる可能性が高い。だから白票でも、投票率のアップという形で政治参加ができるわけだね。

仕事や遊びに忙しい若い人たちには、**ぜひ「期日前投票」をオススメしたい**。いまは投票日ではなくても、選挙開始日（公示日・告示日）の翌日からいつでも投票できる。「選挙って、あの家に送られてくる投票券が必要なんでしょう？」と思っているかもしれないが、実は必要ない。口頭で確認するから、**身分証すらなくてもオーケー**だ。

選挙を棄権するくらいなら、手ぶらでふらっと期日前投票所にいって、自分の名前でも書いて投票してこよう。不謹慎だと怒られるかもしれないけれど、これも立派な社会貢献・政治参加の方法の一つなんだ。

●238ページの答え……〈第1問〉1890年〈第2問〉衆議院475名、参議院242名
〈第3問〉高い：60代、低い：20代

トシキ「そうか、それならオレでも投票できそう！」レン「オレも！」

おときたさん、僕らの疑問に答えてください！

ストリートのオシャレ男子から噴出する政治への
素朴な疑問におときた議員がズバッと解答！

芹澤 瞬くん
（19歳／学生）

Q1. これからの日本を政治家に任せても大丈夫ですか？

A1. わたしに任せてください！と言いたいところだけど……

民主主義は、みんなで話し合ってみんなで決めていく制度なんだ。誰か優秀な人に任せておければラクかもしれないけど、それじゃ日本はよくならない。最初は「この人なら！」と思った人でも、放っておいたらトンデモないことをしちゃうかもしれないからね。だから面倒でも、自分たちで国をよくするっていう気概が必要だ。ちなみに、**今後の日本を放っておいて大丈夫ではぜんぜんない。**僕らの世代で政治を変えていかないと、このまま間違いなく沈没するよ！（泣）

市川慶一郎くん
（19歳／専門学生）

Q2. 日本は借金が多いのに、政治家の無駄遣いが許されるのはなぜ？

A2. 政治家は、有権者（国民）を映す鏡です

ニュースを見ていると、政治家の横領やら豪華な海外視察やら、お金に関するトラブルが耐えないよね。一時期はワイドショーが盛り上がるけど、結局根本的に解決しないのは、**国民がその政治家を許して次も当選させてしまう**からだ。無駄遣いが一発レッドカードになれば、政治家も態度を改めるはず。有権者側も政治家からお金や仕事をもらったり、持ちつ持たれつになったりしている場合も多い。少なくとも君たちのような若者は、そんな有権者になっちゃダメだぞ！

Q3. 政治家ってほんとうにあんなにたくさん必要？

中根大貴くん
（22歳／ショップ店員）

A3. EXILEの30倍以上もいたら、覚えられないよね

2016年現在、衆議院475名、参議院242名で合計717名の国会議員がいる。某巨大ダンス＆ボーカルグループですら覚えられないのに、似たような年代のオジサンたちがその30倍以上もいたら、覚えられるはずがないよね。よって、国民の目が行き届かない議員たちはぶったるみ、居眠りする光景がなくならないのだけど、**人口あたりの人数に直すと日本の国会議員はこれでも少なすぎる**と言われているんだ。ただやっぱり、もっと少数精鋭にしてもいい気がするね。

おときたさん、
僕らの**疑問**に
答えてください!

澤村量山くん
(23歳／モデル)

Q4. 僕たちが安保法案で戦争に行くことってあるの?

A4. いま行っても、残念ながら役に立てません

現代の戦争は高度にハイテク化しているのを知っているかな。イージス艦にステルス戦闘機、ドローンなどの近代兵器が飛び交い、昔のように旧式ライフルを抱えて行軍するような戦争ではなくなっている。そんなところに寄せ集めの若者が行かされたところで、まったく戦力にならないよね。だから、**いま徴兵される可能性はまずない**と言っていいと思う。ただし、将来的なことはわからないから、常に政治の動向をチェックをしておくことが大事だね。

Q5. 政治家ってすごい野次を飛ばすけど、あれも仕事なんですか?

りょーがくん
(20歳／大学生)

A5. 本人たちは、仕事をしている気のようです

結論から言えば、国会で野次を飛ばす必要は1ミリもない。むしろ、本来であれば議場でのヤジは「不規則発言」といい、厳しく注意されてもおかしくないんだ。ただ諸外国を見渡してみても、**登壇者に対してヤジを飛ばすという文化が多いことは確か。**よくみるとヤジを飛ばす人たちは毎回決まっており、いわば「ヤジ担当」とも言える議員が存在したりしている。そういう意味では仕事なのかもしれないけれど、子どもの規範となる大人たちの会議があれじゃあねえ……。

Q6. 老人のほうが人口多いなら、若者が投票に行っても意味なくないですか？

A6. 高齢者を味方につければ、若者でも勝てます！

確かに、若者の絶対数は高齢者層に比べて圧倒的に少ない。とはいえ、高齢者の中にも「若者向けの政策をもっと行うべし！」と考えている人は存在するんだ。そういう人たちと力を合わせれば、将来のことを見通した政治家を選挙で勝たせることは、まったく不可能ではないはず。そもそも**東京都**なんか、まだ**人口比率**では**若い世代の方**が**多い**よね。数を理由にするのは言い訳にすぎない。若者らしく元気よく、勝つ方法を考えるべし！

松本慎一郎くん
（23歳／モデル）

Q7. 2016年から18歳でも投票できるようになったらしいですが、年齢ってどうやって決まるんですか？

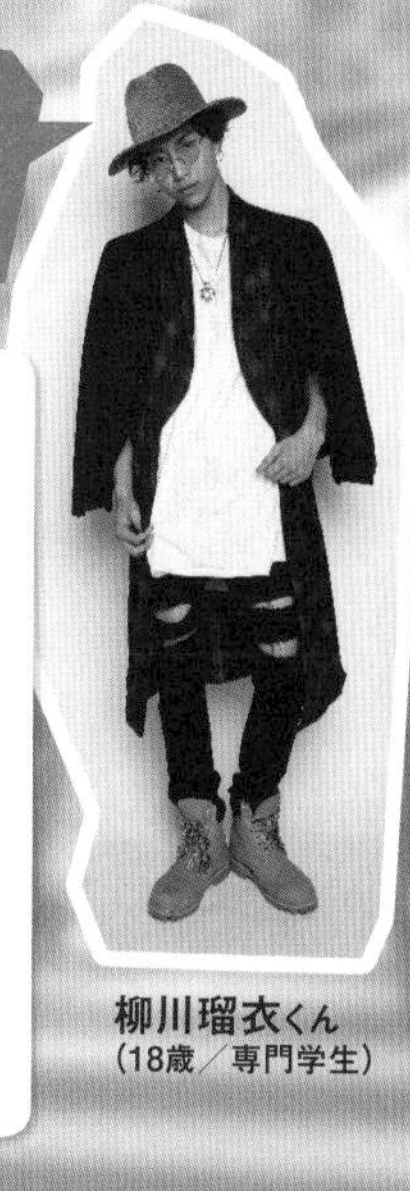

A7. 実は、年齢そのものに大きな意味はありません

2016年の参院選から18歳選挙権が解禁されたけど、実は18歳という年齢にそれほど大きな根拠はないんだ。強いていえば、諸外国では18歳から投票できる国が多いから、とは言えるだろう。とはいえスイスでは16歳から投票できる州もあるし、**選挙権は0歳からあげても良いという意見もある**。この場合、まだ判断できない子どもの分は、その親たちが代行する。こうすれば、若い世代や子どもたちの意見が反映されやすい世の中になるよね。検討に値すると言えるだろう。

柳川瑠衣くん
（18歳／専門学生）

アフタートーク
After Talk

（政治がわかったギャル男の話）

おときた　それじゃまず、授業を受けてみての率直な感想を。

トシキ　政治のことを知っていくごとに、なんだか楽しくてワクワクしました!!

トキト　政治に関してはホンマに興味なかったっすね。でも話を聞いてると興味津々でした。いまもかなり興味あるし。**オレらが生きてるこの社会を変えていくには、若い人たちの力が必要**だってことをすごく感じました。

ひっち　とてもわかりやすかったです！　学校の授業で社会や政治の話を聞くときってすごい眠くなっちゃったり頭に入らなかったりしたんですが、おときた先生の授業はめっちゃわかりやすかったし、最後まで楽しく勉強させていただきました！　ちなみに……実はあれから、勉強したことをドヤ顔で友だちに話してます（笑）。

おときた　うんうん、**人に話して伝えていくことは大事**だよね！　レンくんはどう？

レン　正直最初は難しいし、政治ってなんだか他人ごとのような気がしてました。でも、おときたさんの授業は僕たちの身近なものとかでたとえてくれているので、わかりやすくてスッと入ってきて、とても身近なものに感じました！　**そこからもっと興味が湧い**

て、**自分**にできることはなにかな?って**自分**で**考**えるようになりました。

政治に詳しくなっても、なにも変えられない?

トキト 問その2。今回、授業を受けるまえに抱いていた「政治」のイメージは?

おときた おお、いいね! 次の質問を先どりするかのような回答が来たところで、質

ひっち 難しい。どうでもいい。なにをしてるのかは実際わからん。

トキト 難しい。直接知らなくても大丈夫かなーって感じで、見て見ぬフリしてました。

レン 選ばれしアタマのいい人たちが話してるって感じですかね。

トシキ あんまり身近に感じなくて、難しいなあって思ってました。

ひっち あと、**自分が詳しくなったところで、オレ、政治家じゃないし、なにも変えられないかなって。**だから、くわしく覚える必要ないやって感じでした。

トキト それはありますね。オレが知ったところで……って思ってた。

ひっち ね!

トシキ それわかります!

おときた なるほど、みんな「難しい」「他人ごと」っていうイメージを持っていたわけだ

アフタートーク
After Talk

ね。

レン　でも身近なところに政治はあるって、おときたさんの話を聞いて思いました。

若者よ、明日はわが身だ ワイルドに取り組め！

おときた　では質問その3。授業を受けたいま、「政治」に対して持っているイメージはどんなもの？

トシキ　ほんとうはもっと関心を持って知っておかないといけないことだったんだな〜って思いました！　無知は罪だなと……。

ひっち　ひとりひとりの行動で変えられるかもしれないし、**むしろひとりひとりが行動しないかぎりなにも変わらない**ってことがよくわかりました！

トキト　「関心を持たなければ！　みんなに伝えなければ！」って思いました。若い世代には、知ることからとりあえずはじめてほしいですね。

レン　なんだか遠いところにあるような感じのする政治でも、「明日はわが身」じゃないですけど、**日本に住んでる以上は僕たち若い世代がワイルドに取り組んでいって、大人たちになめられたくないな**って思いました。

ひっち　確かに!!　ホントそれ！

おときた　みんな政治が、「他人ごと」から「自分ごと」になってくれたみたいだね！

ギャル男、日本の借金額をドヤ顔で話す

おときた　さて次の質問。授業のなかで、とくに面白かったところを挙げてください。

レン　**憲法をジャンプでたとえたところ、とても印象的です！**

おときた　あそこのリアクション、良かったもんなあ（笑）。

トキト　**オレは税金の使い方ですね～。**

ひっち　ドラクエですかね！　保険の話でしたっけ？　ドラクエ好きです!!

おときた　ひっちくん、ドラクエだけ覚えて、保険の話を忘れないようにね！　トキトくんはお金の話か。お金が高齢者向けに使われているって部分かな？

トキト　それだけやなくて、税金の支出額とか使い道のところもっすね。

ひっち　あ、確かに。それもびっくりでした。シルバーパス！

おときた　そうそう、**シルバーパス！　絶対廃止!!!**

ひっち　大至急廃止してほしいですね！　おときた先生、よろしくお願いします!!

アフタートーク
After Talk

おときた　日本の借金の総額とかも、みんな知らなかったしね。

ひっち　国の借金額もめっちゃ驚きました!!

おときた　レンくんとか、確かテストで2億とか書いてなかった?　そう考えると、だいぶレベルアップしたものだ……。(遠い目)

レン　なぜか突然の辱めを受けた……。卒業テストしたいです!(涙)

ひっち　**国の借金額はびっくりしすぎて、みんなにめっちゃドヤ顔で話してます!!**

レン　あと、原発のところで出てきた火子ちゃん、風子ちゃん、原子ちゃんのたとえも、めちゃくちゃ好きです!

トシキ　オレは、憲法のたとえがとても印象に残りました。あと、衆議院選挙と参議院選挙の話が面白かったっす!

おときた　なるほど、「自民党って、衆議院にも参議院にもどっちにもいるんですか?」ってレベルだったもんなあ。みんな授業を楽しんでくれたようでなによりです。

オレたち若者だって もっと優遇されたい!

おときた　ちょっとかぶるかもしれないけれど、次の質問。今回の話を聞いて、政治のどの部分をいちばん「変えたい！」と思いましたか？

トキト　**お金ですね。**

おときた　トキトくん、お金にこだわるね～（笑）。いいことです！

トキト　**いちばん早く、オレらに響く問題ですからね。**

おときた　それ、間違いないわ。

レン　確かに！

ひっち　間違いない！

おときた　ほかのみんなはどう？

トシキ　オレは、選挙に行く人たちの年齢層かな。**もっと若い人たちも政治に参加するような雰囲気になってほしいです！**

ひっち　とにかく高齢者を優遇した制度がいま多い気がするので、そこは見直してほしいですね！　ただでさえ借金たくさんで国にお金がない状況なのはよくわかったので……。

おときた　そうだね、**お金の金額とともに、それが「どちらの方向に使われるのか」も大事**だよね。

トシキ　若い人たちがもっと政治に参加するようになれば、若者たちのためになる制度も増えるはずです!!

アフタートーク
After Talk

ひっち　そうなんだよね！

レン　選挙って重苦しいなぁってやっぱり思ってしまうんだけど、その雰囲気だからこそ意味のある一票なんだなあとも、おときたさんの話を聞いて思いました。

おときた　そう、その部分はまさに、密接につながっているんだ。

ひっち　だから……選挙に行こう!!

トシキ　いぐぅ!!

おときた　こらこら、まだ早いって！

ひっち　あ、すいません。

おときた　なんだこの、ボケしかいないバラエティ番組は……。レンくんはどう？

レン　オレは地元に原発があるので、やはりそこですかね。家族もいるし、身近だからこそ、いろんな情報を聞くと不安になったりしますね。

おときた　お、違った角度からきたね！　自分自身や住んでいるところに近い話題には、敏感になるよね。まさにトキトくんが言うように、お金なんかは僕らにもっとも影響があるものだし、**政治は身近にある**ってことがわかってもらえたと思う。

レン　はい！　それは読んでくれた方もそう感じてくれるはずです！

目指せ、選挙に行くことが「普通」な未来を

トキト　だから……**選挙に行こう!!**

ひっち　**行こう!!!**

レン　**行くかあ！**

トシキ　オラ**選挙**いくだ〜

おときた　あーもう、最後の質問、聞くまえに言われちゃったよ（笑）。最後は、「選挙に行きたいですか？」でした。**自分が行くのはもちろん、周囲の友だちを誘うことも大事だね！**

ひっち　はい！　先生!!

レン　そうですね！　そういえばこの前、地元の友だちが選挙に行ってるって聞いてちょっとびっくりしました。

おときた　それが普通だよ！

レン　はい！（ペコッ）

ひっち　地元の友だち、カッコいいな〜!!

おときた　まあでも、20代の投票率は3割だから、どちらが普通かと言われれば難しい

アフタートーク

After Talk

んだけど……。

ひっち　行かないことが普通になっちゃってることがマズイですね。

おときた　そう。**選挙に行かないと損するし、実際にしている。**損得勘定《そんとくかんじょう》で動けばいいわけじゃないけれど、選挙の重要性が多くの人に伝わるといいよね。

トシキ　ホントそう思います。オレらでさえこれだけそう思うんだから、本を手にとって読んでくださったみんなもそうなってくれることを願います！

おときた　ギャル**男**でもわかる？

レン　**政治の本！**

トシキ　ギャル**男**でもわかった～!!

ひっち　そうだ！　選挙に行こう!!

おときた　レンくん、タイトル、「**政治の話**」や……。

レン　はっ、大事なところを……!!（汗）

おときた　というわけでみなさん、授業お疲れさまでした！

4人　ありがとうございましたー！

政治をもっと、おもしろく。

あとがきにかえて

おときた駿

「ギャル男みたいな若者にもわかるように、政治を教えてくれませんか？」

そんな突拍子もない提案から、この本が誕生することになりました。

わかりやすく、平易な言葉で書かれた政治の解説本は、すでに世の中にたくさん存在しています。ですが、それだけでは十分ではないとつねづね感じていました。若い人たちが「わかる」ということは、「おもしろく」「頭に入ってくるように」ということにほかならないからです。

そこで本書は、若い人なら誰もが知っている漫画やアニメ、あるいは芸能人やアイドルにたとえて、難しい政治の話をおもしろおかしく解説する、史上初のエンタメ政治入門書を目指しました。「政治の話をこんな形でするなんて、不謹慎だ」「誤解を招くようなことをするな」などのご批判はあるかもしれません。ですが、低投票率や若者の政治無関心が一向に改善されないいま、必要なのはこうした「ちょっとした遊び心」ではないでしょうか。

僕は29歳で政治の世界に飛び込み、議員活動をするかたわら、365日ブログを書いて政治の情報を発信し続けています。それはひとえに、若者を中心とした人々に政治を少しでもわかってもらいたいからです。そして、日本がどれだけ「ヤバい」のかを知ってほしいからです。

なので本書には、若い世代が政治参加をしないことで、選挙に行かないことで起こっている「ヤバい」問題を、これでもかと取り上げました。合計1000兆円もの国の借金や、ひとりあたり1億円とも言われる世代間格差は、若い世代が声を上げることでしか解決することはできません。

本書を手にとるような人は、比較的政治参加に熱心な人が多いかもしれません。でも、選挙に行ったことがない、あるいは選挙に行くのが面倒だと思っている方々に向けて、最後にあらためてお伝えさせてください。

みなさんが選挙に行かないことでこうむる被害は、同世代全員、そして将来世代にまでわたる大損害です。自分たちの子どもや孫にまで、ツケを包装《ほうそう》して贈呈《ぞうてい》する行為です。

民主主義は、恐ろしいシステムです。
政治家は、「みんなの代表」ではありません。
政治家は、選挙に行く人たちの代表です。

政治をもっと、おもしろく。

1票では、なにも変わらないと思わないでください。
1票でしか、この社会は変わらないのです。
なぜなら、日本が民主主義だからです。

入れたい人がいないかもしれません。
選びたい政治家がいないかもしれません。
それでも、ちょっとだけ辛抱して、選挙に行き続けて下さい。

みなさんの声を受け止める政治がそこにあるよう、僕も全力を尽くして活動していきます。政治や社会をつくりあげていくのは、ほかならぬ僕ら自身なのです。楽しく、遊び心を忘れずに、みなさんとともに歩んでいければ望外の幸せです。

最後に、御礼を。まずは、得体の知れない政治家からの講義に根気よくつきあってくれたレン、トシキ、ひっち、トキトのギャル男軍団。君たちが次の選挙に行きたいと言ってくれて、若者に政治を伝えていくことに大きな手応えを感じました。また、「（2016年夏の）参院選までに出さなければ、意味なくないすか⁉」と煽《あお》ってくれた、MTRL《マテリアル》代表の佐野恭平さん。あのときの言葉がなければ、この本がこんなスピードで出されることはありませんでした。そしてその結果、地獄のようなスケジュールで対談をまとめてくれたライターの朽木誠一郎さん、油断すると遅刻するギャル男たちのスケジュール管理や撮影の手配をしてくれた網代夏奈さん、本書を最初から最後まで二人三脚で作り上げて下さった編集者の松石悠さん、誰ひとり欠けても本書が完成することはなかったと思います。あらためて、全員に心からの感謝を申し上げます。

そして、誰よりも僕のことを気にして毎日ブログをチェックしている両親と、公務に加えて執筆で多忙だった自分を支えてくれた最愛の妻と娘に感謝の意を表し、人生初の著書の筆をおきたいと思います。

平成28年4月　　おときた駿

ギャル男でもわかる政治の話

発行日　2016年6月20日　第1刷
2016年7月15日　第3刷

Author　おときた駿
Model　伊藤蓮、今福歳生、時人、引地敬澄
Special Thanks　MTRL編集部

Book Designer　鈴木徹（THROB）
Photographer　saru (cover, pp.001-003, pp.284-296)
中津昌彦（pp.005-016, p.297, p,298, 講義風景）
Hair Make　砂川勇斗〈A'KROS smiloop〉
Illustrator　山口大誓

Publication　株式会社ディスカヴァー・トゥエンティワン
〒102-0093　東京都千代田区平河町2-16-1 平河町森タワー11F
TEL　03-3237-8321（代表）　FAX　03-3237-8323
http://www.d21.co.jp

Publisher　干場弓子
Editor　松石悠（編集協力：杤木誠一郎）

Marketing Group Staff　小田孝文　中澤泰宏　吉澤道子　井筒浩　小関勝則　千葉潤子　飯田智樹
佐藤昌幸　谷口奈緒美　山中麻吏　西川なつか　古矢薫　原大士　郭迪
松原史与志　中村郁子　蛯原昇　安永智洋　鍋田匠伴　榊原僚
佐竹祐哉　廣内悠理　伊東佑真　梅本翔太　奥田千晶　田中姫菜
橋本莉奈　川島理　倉田華　牧野類　渡辺基志　庄司知世　谷中卓

Assistant Staff　俵敬子　町田加奈子　丸山香織　小林里美　井澤徳子　藤井多穂子
藤井かおり　葛目美枝子　伊藤香　阿部薫　常徳すみ　イエン・サムハマ
鈴木洋子　松下史　永井明日佳　片桐麻季　板野千広　阿部純子
岩上幸子　山浦和

Operation Group Staff　池田望　田中亜紀　福永友紀　杉田彰子　安達情未

Productive Group Staff　藤田浩芳　千葉正幸　原典宏　林秀樹　三谷祐一　石橋和佳
大山聡子　大竹朝子　堀部直人　井上慎平　林拓馬　塔下太朗
木下智尋　鄧佩妍　李瑋玲

Proofreader　株式会社鷗来堂
DTP　アーティザンカンパニー株式会社
Printing　株式会社厚徳社

ISBN978-4-7993-1919-2